改訂版

未来につながるボランティア

高校生・大学生のためのボランティアハンドブック

編・著　藤田　久美
山口県立大学社会福祉学部教授

ふくろう出版

はじめに　～高校生と大学生のみなさんへ～

　みなさんは今どんな高校生活、大学生活を送っていますか。どんな夢や目標を持って今を過ごしていますか。未来をみつめながら、今できることを精一杯がんばりながら歩んでいるのでしょうか。

　未来をみつめることは少し勇気が必要かもしれません。自分の未来を描き、迷いなく、そのための努力を惜しまず、ただひたすらに前に進むことができる人はいないのではないでしょうか。悩みや葛藤があったり、時には自信をなくしてしまったりすることもあるでしょう。受験勉強は、特にそうかもしれません。先のみえない不安やもどかしさもあることと思います。私が今かかわっている大学生たちも、未来に進む道の過程でたくさんの悩みを抱え、戸惑うことが多くあります。夢を描いて大学に入学したものの、本当にこれでよかったのか、自分がどんな方向を目指したいのかと立ち止まることもあります。立ち止まった時は友人、家族、先生等、周囲の人の支援を受けることも必要です。周囲の人とのかかわりを通して「勇気」や「希望」が見えることもあります。そんな時、自分の可能性を信じ、すばらしい力を発揮することができるかもしれません。

　さて、みなさんが手にとってくださったこの本の題名は「未来につながるボランティア」。

　高校生や大学生が夢に向かうための「きっかけ」を与えてくれたのがボランティア活動だったことも少なくないのです。加えて、未来に向かって前進するための「勇気」や「希望」も与えてくれることもあります。

　受験勉強の合間に子育て支援施設でボランティア活動をしていた高校生Aさんは、「子どもたちの笑顔が私の癒し」と表現し、「ボランティア活動の時間が保育士になりたいという私の夢に刺激を与えてくれる」と語ってくれました。大学の社会福祉学部に入学したものの、自分が何をやりたいかわからなくなってしまったBさんは、授業で行った障害者支援施設のボランティア活動で、障害のある人の支援に携わる職員の姿に感動し、自分の未来と重ねる瞬間がありました。この体験がきっかけになり将来の方向性を具体的に描くことができるようになりました。

　このようなエピソードに数多く出会ってきた経験から、ボランティア活動は若者が未来に向かうための力を与えてくれる要素があると考えるようになりました。みなさんの中には「ボランティア活動ってなんだろう」という素朴な疑問を持っている人も多いと思います。また、「ボランティア活動には興味があるけど活動する勇気やきっかけがない」という人もいるでしょう。この本の中で、いろいろな人の活動や思いにふれていただき、ボランティアについて考えるきっかけにしてほしいと思います。

　この本の中に登場するアポロンくんとボライオンくんは、高校生や大学生のボランティア応援隊です。大学生の体験に出会いながら、アポロンくんとボライオンくんと一緒にボランティアについて学びましょう。

編著者　藤田　久美

目次　CONTENTS

はじめに　〜高校生と大学生のみなさんへ〜　1

第1章　ボランティアってなんだろう

1　ボランティアってなんだろう　………… 6
2　ようこそ山口県立大学へ　〜ボランティアについて一緒に学ぼう〜　………… 7
3　ボランティアの理念・性質から学ぶ　………… 7
4　ボランティア活動の〈専門性〉　………… 16
5　地域共生社会の実現を目指したボランティア活動　………… 18

第2章　様々な専門分野のボランティア活動から学ぼう

1　地域子育て支援拠点のボランティア活動　………… 24
2　児童福祉分野のボランティア活動　………… 26
3　保育分野のボランティア活動　………… 28
4　障害児と家族への支援にかかわるボランティア活動　………… 30
5　医療的ケア児、重症心身障害児の支援におけるボランティア活動　………… 32
6　障害福祉分野のボランティア活動　………… 34
7　精神保健福祉領域におけるボランティア活動　………… 36
8　高齢者福祉分野のボランティア活動　………… 38
9　地域福祉分野のボランティア活動　………… 40
10　認知症の人と家族を支えるボランティア活動　………… 42
11　障害者スポーツ分野のボランティア活動　………… 44
12　国際交流分野のボランティア活動　………… 46
13　栄養教育分野のボランティア活動　………… 48
14　特別支援教育分野のボランティア活動　………… 50
15　教育分野（養護教諭）のボランティア活動　………… 52
16　環境分野のボランティア活動　………… 54
17　環境福祉分野のボランティア活動　………… 56
18　災害支援分野のボランティア活動　………… 58
19　看護分野のボランティア活動　………… 60
20　医療福祉分野のボランティア活動　………… 62

第3章　大学とボランティア活動 ～授業を通して学ぶ大学生の姿から～

 1 大学とボランティア ……………… 66
 2 山口県立大学の授業風景から ……………… 67
 3 授業を通して学んだ大学生の声から ……………… 71

第4章　大学生からのメッセージ ～私たちはこんなボランティア活動をしているよ～

 1 学生による学生のための大学ボランティアセンターの活動 ……………… 80
 2 大学の福祉系ボランティアサークルの活動から ……………… 86
 3 ボランティア活動を通して、私たちが学んだこと ～大学生活を豊かにしてくれたボランティア活動～ …… 91

第5章　これから活動するみなさんへのメッセージ

 1 高校を対象としたアンケート調査より ……………… 96
 2 大学で企画した高校生を対象としたボランティア講座の実践から ……………… 97
 3 高校生のためのボランティアパンフレットより ……………… 98

ふりかえり ～高校生・大学生のみなさんへのメッセージ～　104

編著者・執筆者一覧　106

あとがきにかえて　107

第1章
ボランティアってなんだろう

ボランティア活動の理念・性質を紹介しながら、
ボランティアについて学んでいきます。

ボライオン、最近ボランティアの人たちが活躍する場面をよく見かけるけど、そもそも「ボランティア」って一体どういうものなんだろう。

アポロン

ボライオン

アポロンくん、いい視点だね。
ボランティアには、いろいろな理念や性質があるみたいだよ。
僕と一緒に勉強しに行こう！

1 ボランティアってなんだろう

たろうくん

僕は、学校で地域の清掃活動を体験したことがあるよ。僕の姉は中学生の時に部活動で幼稚園や障害のある子どもの施設でボランティア活動をしたんだって。僕の母もボランティア活動をやっていて、僕もついていったことがあるけど、学校で体験したボランティア活動とは少し違う気がしたんだ。そこでは大学生たちが障害のある子どもたちと一緒に遊んだりしてたよ。僕も一緒に遊んだんだ。
「ボランティア」は身近に聞いたり見たりしてきたけど、ボランティアって何なのかよく分からないなぁ。

たろうくんのように身近にボランティアをしている人がいると、興味を持つことはできるんだけど、やっぱり僕もボランティアって何なのかよく分からないなぁ。きっと小学校や中学校で体験したこと以外にも様々な活動があって、社会の中でたくさんの人が活動しているんだろうけど。
ボライオン、ボランティアってなんだろう。

アポロン

ボライオン

そうだね。ボランティアには興味があるけど、勇気がなかったり、きっかけがなかったりして、まだ活動していない人もたくさんいるよね。
山口県立大学では、読者のみなさんと同じ高校生の時にそんな思いを持っていた人が、大学生になっていろんなボランティアにチャレンジしているんだって。
ボランティアが体験できる授業もあるらしいよ。大学生のボランティア活動支援をしている山口県立大学社会福祉学部の先生からボランティアについて学んでみよう。

2　ようこそ山口県立大学へ　～ボランティアについて一緒に学ぼう～

　はじめまして、みなさん。私は、山口県立大学社会福祉学部で教員をしています。専門は障害児保育、特別支援教育、そして、福祉教育です。大学では社会福祉士、高校の福祉科教員、特別支援学校の教員の養成にかかわっています。地域の中では、障害のある子どもや家族にかかわる専門家として、ボランティアや専門家の育成を行う活動をボランティア活動として行っています。このような立場で、これまでたくさんの大学生や高校生のボランティアに出会う機会がありました。

　一方、大学に入学してくる大学生たちの中には、「ボランティアには興味があったけど活動するきっかけがなかった」という人もいます。このような大学生のために、山口県立大学では、学生に対してボランティア活動支援を行っています。社会福祉学部では、ボランティア活動に関心の高い学生が比較的多く、授業のない時間や休日に、福祉施設等でボランティア活動を積極的に行っている人もいます。また、サークル活動を通して、仲間と一緒に、地域の中で活動している人もいます。このような大学生たちにこの本の中で出会っていただきながら、ボランティアについて一緒に学んでいきましょう。

先生

大学生たちの活動やその体験を通して学んでいることをお伝えすることで、ボランティアについて学んでいただけると思います。
アポロンくんとボライオン、
サポートお願いします。

3　ボランティアの理念・性質から学ぶ

　ボランティアについて実際にボランティアを行っている大学生に聴いてみると、様々な答えが返ってきます。自らの実体験をもとに語られるのでとても具体的です。反対に、ボランティアを行ったことで「ボランティアって何だろう」と思うこともあるようです。

　ここでは、ボランティアの理念・性質としてしばしば紹介される「自主性」「社会性」「無償性」「学習性」「人間形成性」等のキーワードから学んでみましょう。

1）自主性

　ボランティア活動は自分の意志を持って自ら進んで行う活動です。高校生のみなさんは、学校の教育活動を通して経験したり、先生から勧められてボランティア活動を行ったりすることがあった人もいると思います。

　ゆうたさんは大学2年生の時に、先輩のまさえさんから、ボランティア活動に誘われました。

　「ゆうたくん、私、障害のある子どもたちが放課後利用している児童デイサービスに行っているんだけど行ってみない？そこの施設を利用している子どもたちには男の子が多くて、男性のボランティアが必要なの。」

　ゆうたさんは大学で社会福祉を学び、これまで授業で障害者福祉について学んできましたが、実際に障害のある人にかかわったことはありませんでした。「ボランティアをしたい」という気持ちはあったけどなかなか勇気やきっかけがなくて行動に移すことができなかったのです。そんなゆうたさんは、先輩のまさえさんが誘ってくれたことがきっかけになり、行動に移そうと思ったそうです。ゆうたさんは「よし、ボランティアに行ってみよう」と自分の意志で動きました。早速まさえさんから施設の電話番号を聞き、大学のボランティア情報の掲示版やホームページで情報を集めました。はじめて施設に電話する時はとても緊張したそうです。

　こうしてゆうたさんは＜はじめの一歩＞を踏み出したのです。

　それから大学の近くの子どもの施設でボランティア活動を週に2回するようになりました。そこで、子どもたちと遊んだり、絵本を読んであげたりする活動を始めました。

　はじめてのボランティア活動をするって不安だよね。でもゆうたさんの話はとっても参考になったよ。

　ボランティア活動は、自ら進んで行うもの。気持ちや思いがあるからできるんだよ。

POINT　自主性　〜「ボランティアに興味がある」「やってみたい」は
　　　　　　　　　　自分の意志、そんな思いからはじめよう〜

　大学生がボランティア活動を始めるきっかけには友人や先輩の誘い、教員の勧めがあります。山口県立大学では、1年生の時、授業で体験したことをきっかけにボランティアを始める人も少なくありません。ゆうたさんのように自分の意志を持って〈はじめの一歩〉を踏み出す人もいます。高校生のみなさんの中にもきっと「ボランティアに興味がある」「活動してみたい」と思っている人もいるでしょう。そんな思いや気持ちから始めてみてくださいね。

2）社会性

　ゆうたさんやまさえさんの活動からもわかるように、ボランティア活動には相手がいます。ボランティア活動は、社会の中に生きる多様な人々との出会いを実現してくれるのです。その出会いは、実際に「かかわる」というボランティア活動だけではありません。被災地に届ける義援金や発展途上国への支援のように届ける相手に想いを寄せながら行うボランティア活動もあるのです。ボランティア活動を通して出会う人や想いを寄せる相手を取り巻く環境としての「社会」をみつめることができます。ボランティア活動はこのような性質を持っているのです。

　大学のボランティアの授業では、ボランティアの理念・性質について、自らの体験をもとに考察をしていきます。ボランティアを体験した学生は、ボランティアの「社会性」について以下のように述べています。

> 実際にボランティアを体験し、事後学習をすることで、ボランティアは一人ではできず、人や社会に関わるものだということを自分の体験から気づき、発見できた。そこから自分の社会観や人間観を考察することが大事だと思う。

　また、ゆうたさんも次のように語ってくれました。

> 障害のある子どもたちが放課後や長期休暇に利用する施設は、子どもたちにとって学校や家庭と違う場所で、様々な体験ができる場だということを知りました。そして、子どもたちが笑顔で楽しく過ごせるように、そこで働く人たちやたくさんのボランティアに出会うことができました。子どもたちとの出会いから、子どもを育てるご家族の方との出会いもあった。障害のある子どもを育てる家族の方の思いや願いを知った。ボランティアに行って、ぼくは、はじめて、障害のある子どもと家族にとっての環境としての社会に目を向けることができました。

社会性　〜人や社会にかかわることで新たな発見がある〜

　ボランティア活動は人や社会とかかわる活動です。活動を通して、かかわった人や社会を見つめてみましょう。ボランティア活動を実際に行っている人の声を聴くと、人や社会にかかわるボランティア活動を通して、自分自身に得られている学びや心の成長や社会の課題に出会ったと語ってくれます。みなさんも活動を通して考えてみてくださいね。

3）無償性

　ボランティア活動には無償性という性質があります。報酬を目的に活動するのではないところに特徴があるということです。大学生が「無償性」をテーマにディスカッションをすると、いろいろな意見が出てきます。実際に活動している人に聞いてみるときっと納得いく答えが返ってくるでしょう。

ボランティアの無償性について、ゆうたさんやまさえさんはどんなふうに説明するのかな？

ぼくは障害のある子どもたちの施設に通って、いろいろな体験をさせてもらっています。この体験を通して、ぼくは〈お金では買えないもの〉をもらっています。子どもたちの〈笑顔〉はぼくの気持ちを癒してくれたり、子どもといっしょに遊ぶことで元気になれます。ぼくはアルバイトをしていて、そこでは、〈賃金〉という形で報酬をもらうけど、ボランティア活動で得るものとは少し違うように思います。
ゆうた

ボランティア活動は、アルバイトでもない。そして、授業でもない。でも、自分がやりたい思いがあるから、施設にいって子どもたちに会いたいから、子どもたちが私を待っていてくれるから…。私は、子どもたちから〈笑顔〉をもらって、そして、あたたかくなる〈はーと〉をもらっているのです。
まさえ

　そして、ゆうたさんは付け加えました。「ボランティアは僕にとって学びの場であり、癒しの場、そして、学生生活を支えているもの」と。
　「福祉の哲学」の著者である阿部志郎先生は、その著書の中で無償性について「明日の善意の還元を期待して、今日、恩を売っておく、といった反対給付を想定する行為は、ボランティアの論理ではない。（中略）ボランタリズムの思想は＜値なくして受けたのだから、値なくして与えなさい＞の強烈な無償精神に支えられる」と説明しています。50年以上にもわたり、ボランティアの実践や研究をされている岡本榮一先生は、大学生の時、児童養護施設に住み込みでボランティア活動をされていたという経験を持っていらっしゃいます。長い間、ボランティアの魅力を伝えていらっしゃる岡本先生から次のような言葉をいただきました。
　「＜与楽不思＞何も思わずに喜びや楽しさを与えなさい」
　人生の中にボランティア活動を行うことを位置づけている多くの人々は、きっとこのようなボランティアの精神を保持しながら、生きているのではないかと思います。
　ゆうたさんにとってもボランティアは人生の一部となり、その体験の積み重ねの中で、阿部先生や岡本先生が教えて下さったような＜ボランティア精神＞を育んでいるのだと思います。そして、まさえさんの＜はーと＞のように、心が豊かになっていくのだと考えます。

POINT　無償性 ～あなたに与えてくれるものは？～
ボランティア活動が与えてくれるものはそれぞれ違うと思います。活動を通して自分にとってボランティア活動はどんなものだったか考えてみてください。

4）先駆性

　私たちの生きる社会にはたくさんの課題があります。このような課題を解決するために行動を起こし、その活動を具体的な＜カタチ＞にしていく活動の一つにボランティア活動があります。ボランティア活動は先駆的な活動をすることができるし、社会をよりよいものに変革する力も持っているのです。地域課題にチャレンジしている草の根的な活動が社会のシステムを変容させることもあります。ソーシャルアクション（Social action）という言葉を知っていますか。これは、社会活動法などと訳され、広い意味での社会福祉活動の一形態です。具体的には、既存の社会福祉制度やサービスの改善、また新たに制度やサービスの拡充・創設を目指して、議会や行政機関に働きかける組織的な活動をいいます。

　長い人類の歴史には、多くの悲惨な出来事がありました。しかし、いつの時代にも、課題を解決するために力を注いだ人がいます。すべての人々の幸せを願い、懸命に助け合いの活動した歴史もあります。1880年代のイギリスのセツルメントは知識や教養のある教育者や学生、教会関係者など中級階級の人たちが、都市の貧困地域（スラム）に移り住み、貧困に苦しむ人々に直接的にかかわりながら共に生活しました。セツルメントは、今でもボランティアの歴史や精神を語りつぐ重要な活動の一つとして挙げられます。

　さて、私たちの生きる社会はどうでしょう。モノが豊かになった時代にも、社会の中にはたくさん解決しなくてはならない課題があるのではないでしょうか。その課題を解決するために、ボランティアとして頑張っている人がいるのです。NPO法人による社会的な活動を聞いたことがありますか。NPOとはNon-Profit Organizationの略語です。「非営利組織」つまり、利益を目的としない組織のことをいいます。NPO法人が取り組む活動には保健、医療又は福祉の増進を図る活動、社会教育の推進を図る活動、まちづくりの推進を図る活動等の20分野あり、「私たちの社会は私たちで創る」という思いをもとに、地域社会で活動が展開されています。「活動する場所もお金もない。でも、できることからはじめよう。」そんな思いを原動力とし、一歩を踏み出すことから道が作られていくこともあります。言い換えれば、ボランティア精神に支えられた活動といえるでしょう。

　青少年のボランティア育成に長年携わられている興梠寛先生は「学生は世界のボランティア活動の主役である」と表現され、スチューデントパワー（学生の力）を活用した社会の改革を提唱され続けています。山口県立大学の「ボランティア」の講義に来ていただいたときには「みなさんの力を社会に生かしてください」という力強いメッセージをいただきました。その言葉は、これからボランティア活動を始める学生達に勇気と希望を与えてくださいました。ちょうどその時、山口防府豪雨災害（平成21年7月21日）が起き、私たちの住む地域でもライフラインが停止する等大きな影響を受けていました。学生達も給水ボランティアとして、毎日のように活動している時でした。その時1年生だった大学生が3年生の時、東日本大震災（平成23年3月11日）が発生しました。遠い山口に住んでいる私たちにできることはないか、いてもたってもいられない学生達が大学に集まってきました。そして、大学間交流を続けていた岩手県立大学の学生と連絡

を取り合いました。岩手県立大学の学生達は、既にボランティアとして動き始めようとしていました。そして、自分たちが被災者であるにもかかわらず、炊き出し等、具体的なボランティア活動を行いました。その中で彼らは、東日本大震災の発災による被災地の要支援ニーズと学生のボランティアニーズを効果的に結びつけるためのプロジェクトチームを結成しました。これは、若者が自らの生活する地域に対してあらゆる問題意識を抱き、その解決に目を向けることをきっかけとして、主体的な地域貢献の活動を行い、より多くの若者の地域に貢献できる力を育成しようとするものです。現在、わが国では、災害時の学びをもとに、地域では防災活動が行われるようになりました。災害が起こった後ではなく、予防的な視点で取り組まれる活動に参加することで、地域住民のつながりの大切さや防災意識を持つことの必要性を学ぶことができるでしょう。大学生にはぜひこうした活動に参加してほしいと思います。

POINT 先駆性 ～わたしたちの社会は自分たちで創る～

すべての人が幸せに生きていく社会を創るためには、まだまだ多くの課題があります。社会の矛盾や仕組みに疑問を持つことや、どのようにしたら解決するのだろうと問いかけるのも大事なことです。高校生のみなさんには難しいチャレンジだと思いますが、その課題を解決するために、どんな活動があるのか、どんな人がどんな思いでかかわっているか知ることが大切だと思います。

被災地支援を中心に学生達がどのような活動を行ったのかもっと知りたくなったよ。

ボランティア活動は社会にかかわる活動だし、社会を変えていく力も持っているんだよ。ぼくも若者の力を地域に生かす応援をしていきたいな。

5）学習性

　みなさんは「ボランティア学習（volunteer Learning）」という言葉を聞いたことがありますか？「ボランティア・NPO事典」には「ボランティア活動に参与・参加することによる学習の総称。ボランティア教育や欧米のStudy ServiceやService Learningを内包する概念」とあり、「①ボランティアになるための学習、活動　②活動の中で身につける学習　③活動を通じて知識や技術を試みてみる学習、と機能的に分類される。」とあります。

　山口県立大学では「ボランティア」が正規科目として開設され、平成15年度から令和6年度まで約500人以上の学生がこの授業を受けてきました。授業では、「ボランティア」の理論を学ぶだけでなく、実際に地域でボランティア活動を行います。授業の流れは、「事前学習」→「体験学習（ボランティア）」→「事後学習」となります。このようなボランティア活動の〈学習性〉を活用したプログラムは、活動者にたくさんの気づきや学びを与えてくれます。ボランティアの授業を受けた大学生たちは、実際にボランティア体験を通して、それぞれ学んでいます。

　先に紹介した興梠寛先生は「ボランティア学習は若者の可能性を拡げることのできるすばらしいものであり、『学びの扉』を開くことのできる体験が多くの若者に提供されるよう、大学生や高校生のボランティア学習の機会を提供することが重要である」と提唱されています。

　ボランティア活動を通して学んだことをきっかけに、「学びの扉」を開いた時、そこには、まだまだ学びたいことや知りたいことがたくさん見えてくるのです。その学びの扉を開き、一歩ずつ進んでいく先に、輝く未来が見えてくるかもしれません。

ボランティアと学習って結びつかなかったけど、大学生も授業でボランティアを通じて学んでいるんだね。

 経験は必ず〈学び〉につながるんだよ。知りたいことや学びたいことがどんどん見えてくると前に進む勇気がわいてくるよ。

 学習性　〜ボランティアは〈学びの扉〉の鍵をプレゼントしてくれる〜
私の身近にいる大学生たちは、大学の学びとボランティア活動の体験をつなぎあわせながら、大学生活を送っています。ボランティア活動は、私たちにたくさんの学びを与えてくれるものです。

6）人間形成性

　人は生きていく過程で様々な体験を通して成長していきます。ボランティア活動をすることで、今まで知らなかった世界を知り、文化に触れ、社会の課題を感じることができます。このような学びもまた人として成長するきっかけになると思います。もう一つ、ボランティア活動の特性として、人とかかわる活動であり、人と人とのコミュニケーションが実現します。このような「相互性」は、自己を見つめる機会にもなります。家族や学校の中で出会うことのない人と出会う、そして、出会った人との具体的なかかわりを通して、いろいろなことを考えるきっかけになります。ゆうたさんは、障害のある子どもと過ごす中で、相手の気持ちや思いを知ろうとすることの大切さと難しさを感じたといいます。それは、決して楽しいという思いだけではなく、わかってあげることのできないもどかしさや自分のいたらなさを感じさせるものでもあったそうです。

　山口県立大学の「ボランティア」の授業では、活動のふりかえりとして「ボランティアの光と影」のワークを行います。肯定的な感情（光の部分）と肯定的ではない感情（影の部分）を出しあっていきます。ネガティブな感情に向かい合うことはつらいことですが、そこに向き合うことが大切だからです。また、そこからボランティアの光が見えてくることがあります。その光は成長の種をプレゼントしてくれることがあります。大学生がグループワークで思いや意見を共有しあいながら作成した「ボランティアの光と影～出会いと成長～」を紹介します。

> **ボランティアの光と影～出会いと成長～**
> 　たくさんの経験から学び、成長して美しい花を咲かせることができるようになるという意味で花を描いて表現した。ボランティアの光と影が花びら１枚にまとまっているのは、どちらもがあって一つのボランティアの意義になると考えたからだ。５つの花びらは①コミュニケーション（どう接したらよいのか等）②パワー（元気をもらった等）③知識（勉強不足、徐々に知識が増えた等）④経験（気持ちの理解が出来るようになった）⑤信頼関係（関係が構築できた等）である。
> 　出会いがなければ、私たちが成長することは出来ない。ボランティアの光と影があってこそボランティアなのではないかという事も気づく事が出来なかったと思う。まずは、出会うという事が大切で、そこがあって成長へと繋がっていくと考えた。

大学生のみんなは体験を通してたくさん学んでいるんだね。

「出会いがなければ成長はない」という言葉が印象深いね。

POINT

人間形成性　～ふりかえる活動は人を成長させる～
ボランティアの場で出会った人との具体的なかかわりを通して、自分にむきあうことができます。また、異なる価値観や考え方とも出会うことができるでしょう。ボランティア活動で体験したことをもとにふりかえりを行うことが成長を助けてくれますよ。

7）継続性

「継続は力なり」という言葉が教えてくれるように、何でも継続することが大切なことはみなさんも様々な経験から感じたことがあるのではないでしょうか。

大学1年生の時に、「ボランティア」の授業で子育て支援施設でボランティア活動をしたある学生は、卒業まで同じ施設でボランティア活動を続けました。なぜ、続けられたのでしょう。話を聞いてみました。

はじめは、「子どもが好きだから」という理由でしたが、体験を通して学んだことはもっと深いものでした。子どもの対応に戸惑ったり、自分の力の足りなさに、悩みました。
しかし、子どもの純粋な瞳や可愛い笑顔を見て、その姿に助けられている自分を知りました。何より、施設を運営している方も悩みながら、子育て支援にかかわっていることを知ったのです。そのあと継続して卒業まで通い、子育て支援施設は、彼女の居場所にもなりました。

ゆうたさんも次のようなアドバイスをくれました。

ゆうた

最初は、試しに1回だけ行ってみようかなと軽い気持ちで始めたボランティアでした。その1回が、「次行ってみよう。」、「次行ったらどんな楽しみがあるだろう。」、「また会いたいな。」と思えることに繋がり、現在も障害児支援のボランティア活動に関わらせてもらっています。
楽しみや面白みもある中で、失敗したり、後悔した事、続けるのをやめようと思ったことはたくさんありました。
だけど、何回も継続して活動してきた中で「障害があっても、相手も1人の人であり、感情やその日の体調も変わる。だから、上手くいくことばかりではない。人と接する時は、相手の事を考えて動かなくてはいけない。自分本位では信頼関係なんて作れない。」そう思えるようになりました。
ボランティアは、よく人のためにするものと言われるけど、そうじゃなくて、自分にとって得られる事の方が多いと思います。参加したときの思いや考え、それに至るまでの葛藤も忘れず、活動してみて下さい。きっとこれからの活動にプラスになると思います。

継続性

無理をしないで続けることが大切ですね。ゆうたさんの言葉からもわかるように、続けているからこそわかることがたくさんあります。大学生や高校生にとって、ボランティア活動を続けるコツは、「無理をしない」ということと「自分も楽しむこと」です。

続けることが大事なんだね。

続ける中で、自分にとって〈プラス〉になることもみつけながら、成長につなげてね。

4　ボランティア活動の〈専門性〉

1）専門家の地域貢献

　社会福祉士、医師、看護師、教員、研究者、建築家、美容師、理容師、作業療法士、理学療法士、公認心理師、弁護士、保育士等、たくさんの資格を有する専門家がそれぞれの資格を活用し、社会の中で働いています。

　ボランティア活動にはいろいろな種類があり、中には、専門性を必要とするボランティアもあります。例えば、被災地の心のケアや体調管理等は、心理や看護等の専門家の力が必要です。大学生たちがボランティアとして受け入れていただいている施設や団体にも、専門の資格をもって働いている人がいます。例を挙げて紹介しましょう。

　障害者支援施設で相談員をしているAさんは、障害のある子どもとその家族が、地域の中で安心して育つ環境や、その環境を創る人の養成が必要であると感じていました。そういう思いをつなげながら、もう10年以上も、障害児・者支援にかかわる教育・心理・保育・保健・医療関係の専門家らと共に地域のサポーターを養成するボランティア活動を続けています。山口県立大学の学生もこの活動に参加してきました。参加した学生たちは、専門家と一緒に、発達障害の子どもの余暇活動や、講演会運営のお手伝い、講演会に参加される家族のための託児活動等の経験をさせていただきました。Aさんはこう語ってくれました。

　「たくさんのボランティアが僕たちの活動に来てもらうことで、障害児・者支援について知ってもらえる。僕が行っているボランティア活動は、未来の専門家を育てる仕事でもあるのです。」

　Aさんのように、ボランティアとして地域に貢献する専門家は、それぞれの〈思い〉に支えられ、専門分野から社会づくりに取り組んでいるのです。

2）専門家の育成～若者の未来を応援するために～

　高校生のみなさんの中には、すでに専門分野の学びを始めている人もいるでしょう。例えば、介護福祉や看護等のコースに所属している高校生です。介護福祉や看護を学んでいる高校生にとって、学んでいる専門分野に関するボランティア活動は貴重な体験となっています。また、将来的に保育や医療、看護、教育や福祉分野の進学を考えている高校生が、地域の中で、専門分野のボランティア活動にチャレンジしている姿もみかけます。このような経験が、自分の未来をみ

つめる機会になっている姿に出会うことがあります。

　写真は、JRC部に所属していた高校生Bさんが、障害児支援に継続して参加していた時の写真です。障害のある子どもの支援にかかわる中で、看護学部に進学することを決心し、現在、看護師を目指し大学で学んでいます。彼女は今でもボランティア活動を継続しています。きっと素敵な看護師になることでしょう。

　最近、彼女がかかわっている子どものお母さんにそのことを話しました。お母さんはこう言いました。

「私の子どもは障害がある子どもなので、普通の子育てでは出会うことのできないいろんな人に出会うことができます。そして、何より、かかわってくれた学生さんがこの子たちとの出会いやかかわりを通して、専門家になってくれることが嬉しいのです。長男は重い障害を持っているから、人の役に立つことはないと思っていたけど、こんな風に役に立つことがあるんですね。」

　お母さんの言葉はとても嬉しいものであると同時に、専門家に課せられた役割を再考させるものとなりました。それは、障害のある子どもと家族をサポートするボランティアや専門家を育成する、という重要な社会的役割です。専門家がボランティアとして、地域に貢献している姿勢は、若者たちにどのように映るのでしょうか。そんな意識を持つことも、専門家に与えられた社会的役割だと思います。

［引用・参考文献］
　阿部志郎「福祉の哲学」誠信書房　1997
　社会福祉法人大阪ボランティア協会「ボランティア・NPO用語事典」中央法規出版　2004
　岡本榮一編「大学生のためのボランティア論」社会福祉法人　大阪ボランティア協会　2006
　日本地域福祉学会編、大橋謙策他「新版：地域福祉事典」中央法規出版　2006
　興梠寛「希望への力―地球市民社会の『ボランティア学』」光生館　2003
　藤田久美編「大学生のためのボランティア活動ハンドブック」ふくろう出版　2008
　藤田久美「高校生のボランティア活動ヒント集」（財団法人大和証券福祉財団第17回ボランティア活動助成報告書）
　やまぐち福祉教育・ボランティア学習研究会　2012
　藤田久美「大学の授業における「ボランティア」の教育方法に関する一試論―山口県立大学「ボランティア」の授業実践から―」山口県立大学社会福祉学部紀要第15号　2009

（藤田　久美）

5　地域共生社会の実現を目指したボランティア活動

1）地域共生社会とは

　近年社会福祉分野では「地域共生社会」という言葉がよく使われるようになっています。この考え方自体は新しいものではなく以前から使われていた概念であると言われることがありますが、近年私達がよく聞く「地域共生社会」は2015年以降国が推進している社会保障制度改革の一連の政策の中心となる理念を意味しています。今日の地域共生社会の理念として「子供・高齢者・障害者など全ての人々が地域、暮らし、生きがいを共に創り、高め合うことができる「地域共生社会」を実現する。このため、支え手側と受け手側に分かれるのではなく、地域のあらゆる住民が役割を持ち、支え合いながら、自分らしく活躍できる地域コミュニティを育成し、福祉などの地域の公的サービスと協働して助け合いながら暮らすことのできる仕組みを構築する。」[1]ことが掲げられ、地域共生社会の実現が目指されています。地域共生社会については、様々な定義がされていますがここでは「人々が多様なかたちで地域や社会とつながり、地域や社会の一員として包摂され、様々な活動への参加が保障され、相互に支え合う関係のなかで、自分らしく生きることのできる地域や社会のあり方」[2]とします。

2）地域共生社会におけるボランティア活動

　日本においては従来地域社会の住民同士のつながり、会社や学校などのつながりや親類同士のつながりなどによる助け合いが機能し人々の暮らしを支えていました。しかし、近年地域共生社会が求められる背景の一つでもある隣近所の人との付き合い方や社会活動への参加の意識の変化や、人口減少や少子高齢化による地域の担い手の減少による地域の福祉力の脆弱化がみられます。そして、地域共生社会の実現に向けた取り組みとしては、そのような地域における住民同士のつながりによる支えあいの基盤が弱くなるなか、新たに多様な地域住民が役割をもち支えあう関係を構築し、誰もが活躍できる地域社会にしていくことが求められています。その際、高校生や大学生の世代はどちらかと言えば普段は支えられる立場になりがちではありますが、地域の一住民として支える立場にもなりえる存在でもあります。また、高校生や大学生は次世代を担う貴重な人材というだけでなく、現在の地域を支える重要な役割を担うことが期待される人材でもあります。そして、高校生や大学生が地域共生社会の一員として活躍できる取り組みとしてボランティア活動があります。

3）高校生・大学生の活動

　では、高校生や大学生はどんな活動ができるでしょうか。本著の第1章でボランティア活動の理念・性質について大学生のボランティア活動を例に学びました。また、第2章では、様々な専

門分野のボランティア活動を紹介しています。これらを概観すると、高校生や大学生が参加できそうなボランティア活動がたくさんあることがわかります。その中でも、高齢者福祉や障害者福祉、児童家庭福祉、精神保健福祉等、社会福祉分野のボランティア活動は、地域共生社会の実現に向けて、大切な活動であるといえます。

　高校生や大学生がボランティア活動を通してふだんの暮らしのなかでは関わる機会が少ない高齢者や障害者などと交流することは、地域やそこに住んでいる多様な住民について理解する機会になります。また、ボランティア活動では、学校や家庭以外の場で同世代の仲間だけでなく多様な世代の人たちともつながり一緒に協力しあう活動を経験することで、自身の視野を広げ、地域の一員としての責任感や社会性を育むことが期待されています。そして、結果として自然と地域共生社会を構築する基礎となる力を身につけることができます。

　さらに、ボランティア活動は本来地域や社会をよりよく変えていくための活動の側面もあります。地域共生社会が求められる背景にも関連しますが、少子高齢化や人口減少が進むと労働力の減少や地域コミュニティの衰退につながり、耕作放棄地や、空き家、商店街の空き店舗などの地域課題が深刻化することになります。地域における課題は複雑で様々な課題が重なることで問題を形成しているため、解決に向けては地域特性も踏まえて多様なアプローチが必要になります。そのなかで、効果的なアプローチの一つとして住民が主体的に課題解決に参画し、コミュニティの結束を強めることがあります。特に、高校生や大学生といった若い世代が果たす役割は大きく、彼らのボランティア活動などを通じて、地域社会の活性化や課題解決に寄与できる可能性があります。

4）地域共生社会の実現に向けて
　　―高校生や大学生のボランティア活動の推進のために―

　高校生や大学生がボランティア活動を推進するにはどのようにすればよいでしょうか。ボランティア活動に興味のある高校生や学生のうち主体的に活動に参加する意識の高い生徒や学生については、個人的に参加する場合は地域であれば社会福祉協議会のボランティアセンターなどがボランティアの紹介やマッチングを行っているので利用することができます。また、高校生の中でボランティアを行うインターアクト部、JRC部、ボランティア部、家庭科クラブ等で活動してる人もいるでしょう。大学生は、サークルに所属して仲間と活動を行うこともできます。

　このように主体的に行う高校生や大学生だけでなく、広くボランティア活動を推進していくことが、地域共生社会の実現には重要になります。つまり、地域共生社会を構築するためにはボランティア活動にあまり興味関心がなく今まで関わってこなかった生徒や学生に活動に参加してもらう事に意義があり、そのためには高校や大学での教育活動にボランティアの要素を取り入れることが重要になります。近年では、正規科目の授業を活用してボランティア活動を推進する方法が注目されています。

　高校では、「探求の時間」の活用があります。高校教育において、「探求の時間」は、生徒が社

会的な課題を発見し、自ら行動を起こす力を養う絶好の機会です。この時間を活用し、地域と連携したボランティア活動を教育活動の中に取り入れることで、生徒たちは他者との関わりを通して「共生」の意識を深め、地域に貢献する喜びを学ぶことができます。この「探求の時間」を地域との連携やボランティア活動の推進に活用することは、生徒の成長だけでなく、地域社会そのものにとっても大きな財産となるでしょう。

　大学では、PBL（Project Based Learning）の取り組みが進んでいます。PBLでは、学生が自ら課題を発見し解決する能力を身につけながら地域社会に貢献する活動を行うことになります。山口県立大学では、国際文化学部、社会福祉学部、看護栄養学部の3学部、すべての学生が卒業までにPBLを学ぶことができる教育環境を整備しています。社会福祉学部では、「ソーシャルワーク演習」の授業で「プログラム企画演習」を行っています。この授業は、地域の社会福祉施設、福祉NPO等と大学が連携し、地域福祉課題を解決するためのプログラムを企画し、実践する取組です。授業の到達目標は「地域の特性や課題を把握し解決するためのアセスメントや評価等の仕組みを実践的に理解する。ミクロ・メゾ・マクロレベルにおけるソーシャルワークの対象と展開過程、実践モデルとアプローチについて実践する力を身に付ける」です。授業では、アクティブラーニングの手法を取り入れ、実践的に地域の人たちとも関わりながら身近な地域課題をテーマとして主体的に課題解決に取り組む学びを通して、学生自身も社会の一員であることを認識し、共に生きる社会をつくっていく意識を強め、地域共生社会の実現に寄与することへの意識を向上する機会になっています。

［引用文献］
1 ）内閣官房（2016）「ニッポン一億総活躍プラン」（https://warp.ndl.go.jp/info:ndljp/pid/12251721/www.kantei.go.jp/jp/singi/ichiokusoukatsuyaku/pdf/plan1.pdf, 2025.3.4.）
2 ）全国社会福祉協議会（2021）『みんなでめざそう！地域づくりとソーシャルワークの展開』、19頁）

（長谷川　真司）

山口県立大学の先生や大学生たちの体験を知って、ボランティアって奥が深いなあと感じたよ。ボランティア活動と〈学習〉がつながっているって考えたこともなかった。大学では授業で体験できるから、僕も大学生になったら、授業を受けてみてボランティアについて勉強してみたいと思った。大学生の体験談ももっと知りたいな。
専門分野のボランティア活動にも興味があるから、もっといろんなことを知りたくなったよ。

アポロンくん、ずいぶん、ボランティアについて学びが深まったようだね。
ボランティアの理論・性質から、ボランティアについて考えたことで理解できたかな？僕が一番印象深かったのは、「出会いがないと成長できない」という言葉だよ。僕もこれからたくさんの人たちに出会っていきたいな。

ボランティアの奥深さや魅力を感じてもらってうれしく思います。大学の中で出会うことのできない、地域の中で生きる多様な人々との出会い、そして、その人たちと一緒に時間を共有するというボランティアの中で、多くのことを学んでいる大学生たち。
さて、次章では、第1章でも紹介した「専門分野のボランティア活動」について知ることを通して、ボランティアについて学んでいきましょう。

第2章
様々な専門分野のボランティア活動から学ぼう

福祉・教育・医療・看護・保育・栄養・環境・国際文化等、様々な専門分野からボランティア活動を紹介します。

ボランティア活動にはどんな活動があるの？

いろいろな分野の専門の先生たちにボランティア活動について紹介してもらったよ。

1 地域子育て支援拠点のボランティア活動

1）「地域の中で子どもを育てる」ということ

（1）地域子育て支援拠点について

　近年の子育ての環境は、地域間の家庭同士つながりが希薄となったり、自分の生まれ育った地域以外での子育てが増加したりするなど、様々な要因を背景として、子育てに対する不安感や負担感を抱く家庭も少なくありません。そのような家庭への支援を担っているのが、地域全体として子育てを支援する地域子育て支援拠点事業です。地域子育て支援拠点は、児童福祉法において、乳幼児とその保護者が相互に交流でき、子育てについての相談、情報提供などを行うものとして位置づけられています。

（2）地域子育て支援拠点におけるボランティア

　本節では、山口市内の地域子育て支援拠点事業である「ほっとサロン西門前てとてと（以下てとてと）」を例に取り上げ、その事業の中でのボランティアの役割を説明します。「てとてと」は当事者スタッフが有償で運営している一方で、子育て中のママや地域の方、大学生などがボランティアとして活躍しています。大学生のボランティアは「てとてと」の活動の中で、子どもの遊び相手となります。子どもにとって大学生のボ

ランティアは年の近い身近なお兄さん、お姉さんであり、同年代の子どもや、親や学校の先生などの周りの大人とは全く違うかけがえのない存在になります。

　また、子育て中の保護者と関わることも大学生にとっては様々な学びが得られる機会です。地域子育て支援拠点は、基本的には0〜3歳の未就園児とその保護者が利用します。子育て中の保護者は子どもの成長・発達に伴い、多くの喜楽を経験する一方で、時には辛く苦しい瞬間が存在

しないわけではありません。特に、未就園児の子育ては保護者が自分の時間を持ちづらいために、子育てへのストレスを解消することが難しい場合もあります。そのような保護者の中には、子どもを大切に思っていてもポジティブな関わりができないと感じ、自責の念に駆られる人もいます。地域子育て支援拠点でのボランティアは、そのような保護者に出会ったとき、自分にできる子ども家庭支援は何なのかを再考する機会になるでしょう。この経験は、将来社会福祉領域で様々な子ども家庭のサポートをするときにきっと役に立つはずです。

（3）ボランティアとして活動する大学生

　次に、「てとてと」でのボランティアを経験した大学生の感想を紹介します。みなさんもぜひ地域子育て支援拠点でのボランティアに参加し、子育て中の親子と関わってみてください。子どもの発達の様子や、子育て中の保護者が抱える様々な想いを知る貴重な機会となることでしょう。

> 　ボランティアの中で印象的だったことの1つ目は、子どもたちがのびのびと自由に遊んでいることでした。「これで遊ぼうね、みんなで一緒に○○をしようね」ではなく、あくまでも主体性を生かし、好きなもので遊ぶ時間を過ごすことが子どもたちはとても楽しそうでした。
> 　2つ目は、子ども同士が関わりを持って遊んでいることです。基本的には各々で遊んでいますが、同じおもちゃで一緒に遊んだり、おもちゃの貸し借りをしたり、年齢の違う子ども同士が自然と関わる環境が「ほっとサロン西門前てとてと」には整っていたと思います。
> 　3つ目は、子どもと大人との関わりです。子どもたちが他の子どものお母さんやスタッフのみなさんに声をかけられている姿を目にすることが多かったです。子どもたちは幼いうちから多くの人と関わり、周りの大人から話しかけられたときには表情も豊かでした。「ほっとサロン西門前てとてと」は子育て中の親子が様々な人とかかわりを持つことのできる場所であると改めて学びました。
> 　4つ目は、子育てに関する情報提供が豊富であることです。スタッフと親同士が相談できる環境があることもそうですが、子育てに関するチラシを掲示するコーナーがかなり広く設けられていました。様々な情報が提供されていることで、子育てをする親と他の交流の場とが繋がる環境がとても整っていると感じました。
>
> 　　　　　　　　　　　　　　　　　　　　　　　　　　　　　　　　　　　　（3年生・Sくん）

2）子どもにかかわるボランティアの心得

　子どもにかかわるボランティア活動は、子どもたちの成長を支える重要な役割と同時に、大学生自身も貴重な経験を積める場となるでしょう。まだ幼い子どもの発達は未分化であり、危険なこと等、わからないことも多いので、子どもとかかわるときは、安全を第一にかかわってください。その上で、子どもの興味・関心やチャレンジしたい気持ちを尊重しながら、子どもと一緒に楽しむ気持ちでかかわってみましょう。わからないことがあれば、ボランティア活動先のスタッフとのコミュニケーションをとってください。

［参考文献］
狩野真理（2018）「育児期のライフステージからみた母親のメンタルヘルス―夫婦ペアデータによる検討―」23，女性心身医学

　　　　　　　　　　　　　　　　　　　　　　　　　　　　　　　（小田　真実）

2 児童福祉分野のボランティア活動

1）児童福祉施設とは

　児童福祉施設は、子ども家庭福祉に関する事業を行う施設の総称で、児童福祉法第7条に13種類が規定されています。高校生のみなさんは、児童福祉施設とはどのようなところなのかご存じですか。

　例えば、児童福祉施設の中で最も数が多く身近なのは保育所です。また、放課後や長期休みの子どもたちの居場所としての役割を果たすのは児童厚生施設（児童館・児童遊園）です。その他、障害のある子どもが通う児童発達支援センターや、母子が共に生活する母子生活支援施設などがあります。

　児童福祉施設には、地域の居所から通う「通所」の施設や児童の生活拠点が施設にある「入所」の施設、その他相談・支援機関としての機能をもつものがあります。各施設は、その目的や機能によって対象となる子どもの年齢や特性、利用・入所する目的が異なります。児童福祉施設でボランティアを行いたいと思う人は、その施設について事前に詳しく調べてから行動しましょう。

2）児童養護施設でのボランティア活動

　ここでは、児童養護施設について少し詳しく述べていきます。児童養護施設には、様々な事情により親元で生活することができない子ども達が生活しています。子どもたちの年齢はもちろん、施設で生活している年数も様々です。未就学の子どもから、小・中学生、高校生、そして数は少ないですが施設から大学等に通っている人もいます。

　施設というと、大人数の集団生活をイメージする人が多いと思いますが、近年の児童養護施設は小規模化が進んでいます。施設の敷地や地域の中にある一戸建てや大きな施設の中がユニットごとに区切られているスペースなどで、6名前後の子どもたちがグループで生活を送っています。

　私が勤務する大学では、社会福祉を学ぶ大学生が児童養護施設でボランティア活動を行っています。施設の行事（お祭りや野外活動など）への参加や、施設での生活の中で子どもたちとふれあう活動（遊び相手や学習指導など）、施設職員の仕事の手伝い（施設の清掃や子どもの衣類の洗濯など）の実践を通して机上で学ぶことのできない経験をしています。

　高校生が行うボランティア活動としては、施設のお祭りや子ども食堂等の行事のお手伝い等があります。ボランティアの募集を行う施設では、社会福祉協議会を通じて募集をしたり、高校のボランティア部等に依頼をしたりしています。個人的にボランティアを希望する場合は、施設に直接連絡をとって、ボランティア募集の有無を担当の方に確認をしてみましょう。

3）子どもとかかわるボランティアをする際の心がまえ

　施設規模が小さくなったことで、施設の子どもたちの生活は、以前に比べ、より家庭的な環境に近づきました。キッチンで職員と共に調理をしたり、リビングでくつろぎながらゲームをしたり、時には自分の部屋にこもって読書や勉強をしたりと、それぞれが自分の時間を好きなように過ごしています。初めてボランティア活動をする人は、そうした子どもたちとどのように関わったら良いのか分からず、戸惑うかもしれません。

　あるボランティア活動の報告会で、初めて児童養護施設でボランティアをした大学生たちの発表には、「施設に足を踏み入れてみると、活動前のイメージとは異なり、児童養護施設は家庭と同じような環境が整っている様子に驚きがあった」という声が聴かれました。また、「施設の子どもたちは、一見どこにでもいるような子どもである一方で、共に時間を過ごしていると、時折寂しげで複雑な表情を見せる時があることに気づかされ、子ども一人ひとりの特性にあわせた工夫ある支援が必要であることを痛感した」とのことでした。家庭的な雰囲気の中で生活していても、複雑な生い立ちをかかえている子どもたちとの関わりには、「子どもたちの気持ちに寄り添った姿勢」が大切です。分からないことがあれば、遠慮せずに職員に尋ねましょう。

　また、児童養護施設でボランティア活動を行うことは、子どもたちの日常生活の場に足を踏み入れることになります。活動の際に施設内で自由気ままに行動をとると、そこで生活する子どもたちはどのような気持ちになるでしょうか。自分が、自室に勝手に入られたり、大切にしている物に触られたりすると嫌な気持ちになるのと同じように、施設での活動には、施設で生活する子どもたちのプライバシーへの配慮が第一であることを忘れてはいけません。

　施設の子どもたちとの関わりは、様々な学びの場であると同時に自分自身に気づく機会にもなります。また、子ども家庭福祉に関する学びや、社会が抱えている課題に気づくこともできるでしょう。貴重な経験をすることができるボランティア活動に、ぜひ積極的に参加してみてください。

（横山　順一）

3 保育分野のボランティア活動

1）障害のある子どもと家族を支える人

（1）子ども家庭支援の観点

　近年、核家族化の進行、地域における家庭間の繋がりの希薄化など、子育てのあり方は目まぐるしく変化しています。通常の学級に在籍する小学生のうち8.8％に発達障害の疑いがあるとも言われており、子どもの持つ課題に応じた支援が求められています。また、虐待相談件数は増加の一途を辿ることも鑑みると、何らかの課題を抱える子どもに対して支援を行うだけでなく、その子どもが育つ家庭そのものを支援することが重要であると言えます。本節では、このような現代日本の子育て状況を踏まえ、子育て支援に取り組んでいる山口県立大学社会福祉学部附属子ども家庭ソーシャルワーク教育研究所の概要とともに、その取り組みに携わるボランティア活動について紹介します。

（2）子ども家庭ソーシャルワーク教育研究所について

　子ども家庭ソーシャルワーク教育研究所（以下研究所）は、山口県の子どもと家族の幸福の実現のための教育研究を目的としています。研究所の事業の1つ目は、特に困難な状況にある子ども家庭への支援方法に関する子ども家庭福祉課題のための調査研究事業です。2つ目は、子ども家庭支援に携わる人材育成事業です。調査研究事業で得られたデータをもとに研修プログラムを企画・運営することで、子ども家庭支援に携わる人材の育成に取り組んでいます。また、山口県立大学社会福祉学部に所属する大学生を対象として、在学中の保育士資格取得を支援する取り組みも行っています。最後の事業は、子ども家庭福祉問題への対応・解決に向けた地域連携事業です。関係機関などと連携したうえで、様々な困難を抱える子ども家庭に対する支援事業を行います。この地域連携事業において、大学生は日々の学びで得たソーシャルワークの知識と技術を生かし、学生スタッフとしてボランティア活動に参画しています。

2）研究所におけるボランティア

（1）学生スタッフの役割

　研究所では7つの地域連携事業を実施していますが、本節で紹介する活動は「は♪あ♪い」です。「は♪あ♪い」は未就学児を対象として、わらべうたを介して親子のコミュニケーションを促進するプログラムです。親子で歌を歌ったり、体を動かしたりしながらわらべうたを楽しみます。このプログラムは、障害の有無に関わらず、全てのお子さんとその家族が一緒に参加するインクルーシブな場を目指し、月に1回程度実施しています。

　「は♪あ♪い」における学生スタッフの役割は企画および会の運営です。各回で実施するわらべうたの選定を学生スタッフが主体となって実施します。わらべうたは、季節感のあるものや、

親子のスキンシップが図れるもの、体を大きく動かす活動的なものなど、子どもにとって多様な体験となるように、実施する曲目を学生スタッフが考えます。また、当日のプログラムの進行もすべて学生スタッフが主体となって進めます。わらべうたを行った後は学生が託児を担当し、保護者の方はティータイムとなります。子育ては保護者にとって楽しく貴重な経験ではあるものの、時には子どもから離れてゆっくり過ごしたいときもあるでしょう。そのような保護者のニーズを踏まえて、学生スタッフが同じフロアで託児をすることで、子どもの様子を見つつ、自分の時間を過ごしたり、他のご家族とお話ししたりしながら自由に過ごすことができます。

（2）高校生、大学生の皆さんに伝えたいこと

以下は「は♪あ♪い」の企画運営に携わる学生スタッフの感想です。

> 小さい子と関わる機会は普段あまりないので、とてもかわいくて楽しかったです。ですが、泣いている子やお母さんの所に行ってしまう子とどのように関われば良いのか分かりませんでしたので、次はもっと考えていきたいです。
> （3年生・Sさん）

近年の子育てを取り巻く環境の中で、子どもと関わる機会は限定的になっており、赤ちゃんのだっこの仕方が分からないという学生も少なくありません。研究所には障害の有無に関わらず、乳幼児期の子どもたちがやってきます。Sさんのように、研究所の活動は様々な課題を抱える子ども、そして、その保護者に対する関わり方や支援のあり方を再考するきっかけとなることでしょう。また、子どもの成長は早いもので、次に会ったときには一人でできることが驚くほど増えていることも少なくありません。研究所のボランティアに参加して、子どもの目まぐるしい成長・発達を保護者と一緒に見守りつつ、支援してみませんか。

[参考文献]

文部科学省「通常の学級に在籍する特別な教育的支援を必要とする児童生徒に関する調査結果について」〈https://www.mext.go.jp/content/20230524-mext-tokubetu01-000026255_01.pdf〉（2025.1.17最終アクセス）

子ども家庭庁（2022）「令和4年度　児童相談所における児童虐待相談対応件数（速報値）」〈https://www.cfa.go.jp/assets/contents/node/basic_page/field_ref_resources/a176de99-390e-4065-a7fb-fe569ab2450c/12d7a89f/20230401_policies_jidougyakutai_19.pdf〉（2025.1.17最終アクセス）

（小田　真実）

4　障害児と家族への支援にかかわるボランティア活動

1）障害のある子どもと家族を支える人

（1）障害のある子どもと家族を支える人

　障害のある子どもと家族にかかわる専門家たちは、日々の仕事を通して子どもと家族の生活が豊かに幸せになるお手伝いをしています。医療・福祉・教育・保健・保育等の分野の専門家や、車いすやユニバーサルデザインの機器等を開発する技術者等がその例として挙げられるでしょう。その人たちに加え、忘れてはいけないのが「ボランティア」と呼ばれる人たちです。ボランティアには、先に挙げた専門的に仕事をしている人、医療・福祉・教育・保育等を学ぶ大学生や専門学校生、高校生や社会人等がいます。
　障害児支援活動に携わる専門家の立場から高校生のみなさんに障害児支援分野のボランティア活動について紹介したいと思います。

（2）ボランティア活動がきっかけになって

　「医大生の時に自閉症児のキャンプに参加し、子どもたちや家族の支えになることを真剣に考え、小児科医師になることを決めた」
　これは、自閉症、発達障害の子どもの診断や支援にかかわる小児科医師の言葉です。彼とは、専門家が運営するボランティアグループで企画した講演会にお呼びしたことがきっかけで知り合いました。講演会に参加する家族のために託児ボランティアとして活躍していた大学生に向かって、彼はこう言いました。
　「出会った子どもからたくさん学んであなたの将来に繋げて下さい。」
　その言葉はボランティアとして参加していた福祉・看護・医療・保育・教育を学ぶ大学生の心に強く響きました。医師である彼は、初めてボランティアで自閉症の子どもに関わった時、何もできない自分を情けなく思い、もっと勉強することを決心したといいます。このようなエピソードは、自閉症の子どもにかかわる福祉や教育の専門家を目指す大学生も経験することかもしれません。今、自分が何をやりたいか、未来に向かってどのように生きるべきか、ボランティア活動が考えるきっかけを作ってくれることがあるのです。

2）ボランティアが活躍する地域の障害児支援

（1）障害のある子どもたちの放課後と長期休暇を豊かに

　地域には、障害のある子どもたちのための放課後サービスを行っている施設・事業所があり、保育士や児童指導員等のスタッフが子どもの遊びや生活の支援を行っています。こうしたところではボランティアの受け入れを日常的に行っており、特に夏休み等の長期休暇中は、利用時間も

長くなるため、大学生や高校生のボランティアが多く活躍しています。

　大学3年生の田中さん(仮名)は夏休みに活動に参加して以来、定期的にボランティアするようになりました。田中さんは、スタッフからも頼りにされ、ゆうたろうくん(仮名)の担当として火曜日の放課後活動することになりました。一緒に遊んだり、おやつを食べたり、1対1で時間を共有します。ゆうたろうくんは、火曜日にボランティアのお兄さんが来るのを楽しみにしているようです。その施設でスタッフをしている保育士は「火曜日に必ず来てくれる田中さんの存在をゆうたろうくんは楽しみにしています。ゆうたろうくんにとってここは大事な場所。この場所でたくさん遊ぶことで元気に毎日が過ごせます。定期的に来てくれるボランティアの存在はとても大切です」と語ってくれました。

(2) 高校生ができること

　長期休暇になると、高校のJRC部やボランティア部に所属しているボランティアたちがTシャツとジャージを着て子どもたちと一緒に遊んでいる姿がたくさん見られるようになります。ボランティアで参加した高校3年生の伊藤さん(仮名)は、ダウン症のまなさん(仮名、高校1年生)と、まなさんの好きな音楽を一緒に聞いたり、ビニールプールで水をかけあったりして遊んでいます。昼食やおやつも一緒に食べてお話もはずんでいるようです。そんな2人の姿はまるできょうだいのよう。まなさんのお母さんはその様子を見ながら「普段学校では出会うことのできない友達。まなもとっても嬉しそう。また一緒に遊んでくれると嬉しいです。」と言いました。高校生のボランティアにできることはどんなことでしょうか。それは、子どもたちと時間を共有すること、一緒に楽しい時間を創ること、そうした時間の共有が子どもと家族の笑顔を増やしていくのです。伊藤さんは、施設で出会った保育士さんのようになりたいと、保育系の短期大学に進学しました。今は、保育園で障害のある子どもの担当になり、子どもたちがいつも笑顔でいられるように一生懸命日々、奮闘しているそうです。

3) 共生社会の構築に向けて〜ボランティアが創る社会〜

　日常的に障害のある子どもと家族に寄り添っていく人たち(専門家、ボランティア)を一人でも多く増やすことが私自身に与えられた役割だと思っています。これからも高校生や大学生が子どもと家族に出会う機会を創っていく役割を担いつつ、障害のある子どもと家族の理解と支援の輪を拡げていきたいと思います。

　本当の意味での共生社会やノーマライゼーション理念の浸透には、人々の理解が必要です。ボランティアの経験は、きっとそのことについて新たに考える機会となるでしょう。

[参考文献]

　茂木俊彦　監修「子どものためのバリアフリーブック11. 障害を知る本11, 障害児を支える人びと」株式会社大月書店　1999

(藤田　久美)

5　医療的ケア児、重症心身障害児の支援におけるボランティア活動

1）医療的ケアを必要とする重症心身障害児について

　何らかの原因疾患によって脳に障害が生じ、重度の肢体不自由と知的障害が重複した状態を重症心身症といいます。周産期や新生児期の原因により発症し、障害を有する場合がほとんどです。医学的診断ではなく、行政的な意味合いの強い用語で、脳の障害による運動障害と知的障害の重複した障害ですが、それだけでなく感覚障害や咀嚼嚥下機能障害、排泄障害、呼吸器機能障害、骨格異常などのさまざまな障害や合併症を生じる場合も少なくありません。医療的ケア児とは、医学の進歩を背景として、NICU（新生児特定集中治療室）等に長期入院した後、引き続き医療的ケアが日常的に必要な児童のことです。医療的ケア児のすべてが、重症心身障害児ではありませんが、多くは何らかの医療的ケアを必要としています。

2）ボランティア活動を行う施設について

　Aさんは教育に関連のあるボランティアサークルに入り、地域の学童保育と放課後等デイサービスが併設されているC施設でのボランティア活動に参加するようになりました。学童保育は、共働きや一人親家庭の小学生の放課後の生活を保障することで、保護者の仕事と子育ての支援を保障することを目的としています。放課後等デイサービスは、学齢期の障害児の生活能力の向上や必要な支援、社会との交流の促進等を狙った通所施設です。学童保育と放課後等デイサービスが並置されることにより、障害児の地域での受け入れや、交流の場の保障といった、ソーシャルインクルージョンを狙った活動が行いやすくなります。C施設では、夏休みになると集団での外出や開放されている学校のプールに行ったりしますが、学童に通っている児童と放課後等デイサービスに通っている児童が一緒に行動したり、関わったりします。

　C施設の放課後等デイサービスには、地域の公立小学校の特別支援学級に通う医療的ケアが必要な重症心身障害児のBさんが通っていました。Bさんは、小学校4年生で発語はありませんが、人の声に反応したり、周りで物が落ちたり、楽器が鳴ると声を上げて笑います。手元に音の鳴るベルを置くと鳴らして周囲の反応をうかがったりします。脳性マヒがあり、一定の時間で痰の吸引が必要です。また、日常生活のほとんどの活動に介助が必要です。保育園に通っていた際に支援はありましたが付き添いも必要と言われ、保護者は交代で毎日保育園に通って介助を行っていました。全ての活動に介助が必要で、付きっ切りとなるため疲労感が高まり、働く時間も制限されていました。小学校に移る際に、相談支援専門員と相談して様々な支援を受けることにしました。

3）医療的ケア児、重症心身障害児のボランティア活動の実際

　Aさんは夏休み中の外出の日にボランティアに参加することになりました。担当するBさん

には様々な支援が必要ですが、専門的な支援や医療行為については常駐する看護師資格を持つ職員が行い、ボランティアが担当するのは、車椅子を押したり体を支えたりといった内容になります。実際に隣の市の広い公園に外出した際の一日の動きを見てみましょう。朝、集合してその日の睡眠、体調や服薬の状況を保護者や職員と一緒に共有します。トイレを確認して他の児童より少し早く、放課後等デイサービスを出発します。車椅子を押してバス停に行く道が少し狭いために早めに出発するのが定例となっています。バスに乗る際は、運転手がスロープを設置してくれて、持ち上げることなく乗り込むことができます。車椅子の車輪を固定して支えながらバスに乗ります。駅の改札を通った後は、エレベーターに乗るために他の児童と離れた行動になります。他にも医療的ケアを必要とする児童がいるため、看護師はいつも一緒にいるわけではないので、何かあったときのために、連絡のためのスマートフォンが渡されています。降りる駅では、ホームと電車の間に隙間が大きく駅員さんのサポートが必要となるため、窓口に問い合わせて事前に降りる駅と連絡を取ってもらいました。エレベーターでホームに上がったら、今度は車椅子のスペースがある車両に移動します。他の児童を引率する職員たちとは、事前に集合場所を決めてあります。指定した電車に乗って目的の駅に移動し、駅員さんのサポートを受けて降車しました。駅を降りてすぐに、痰の吸引を行うために看護師資格のある職員とベンチで対応を行いました。タオルを準備したり、汚れたものを袋に入れたりお手伝いをします。昼食時は、研修を受けた職員が食事の介助を行います。この時も身の回りのサポートをしながら、自分も食事をします。Ｂさんは好きなものを食べると「うう～」と嬉しそうに声を上げますが、嫌いなものを食べると「ぷっ」と口から吐き出そうとします。「ぷしちゃダメだよ」と励まされながら、飲み込んでいました。トイレ介助の際は、体を支えたり、シートで回りを隠したりしました。公園ではがたがた揺れるところを進むたびに「おお、おお」と笑顔になったり、一緒にブランコや滑り台にのったりして遊びました。体が揺れたり、他の児童の声が聞こえたりすると笑顔が見られ楽しそうな様子が伺えました。帰りは疲れた様子でうとうとしていました。帰宅は込み合う時間帯になってしまったので、他の児童より早く出発して駅を降りたところで合流しました。最後に、お迎えの保護者に一日の流れ、食事、トイレ、痰の吸引の状況などを共有しました。様々なケアが必要なため、その日に起こったことや健康状態について、丁寧に報告しました。重症心身障害児への関わりでは、何もわからないと勝手に思い込んで、関わりができないと考えてしまう人もいるようですが、実際には、好きなものや嫌いなもの、楽しいこと等があり、沢山の体験をしてみたり、しっかりと情報共有を行ったりすることで充実した余暇を過ごすことができるようになります。

[引用文献]

厚生労働省　医療的ケア児等とその家族に対する支援施策　https://www.mhlw.go.jp/stf/seisakunitsuite/bunya/hukushi_kaigo/shougaishahukushi/service/index_00004.html（2025.1.17アクセス）

介護福祉士養成講座編集委員会（2022）最新介護福祉士養成講座14　障害の理解　第２版　中央法規出版

（髙橋　幾）

6　障害福祉分野のボランティア活動

1）誰もが社会参加できるために

　障害のある人の生活の場は、家族との同居、一人暮らし、グループホーム（共同生活援助）での生活、障害者支援施設での集団生活等となっています。また、日中の活動は、会社や公的機関などに通勤や自営業を営んでいたり、障害福祉サービス事業所や地域活動支援センター等へ通所し活動したり、障害者支援施設において活動したりしています。

　多くの人びとと同じように、働き、活動し、買い物に行き、休日はスポーツを楽しんだり、自分の趣味に時間を費やし休息したりと、あたりまえの生活を送ることが望まれています。

　現在、生活のしづらさや社会的障壁（障害がある人にとって日常生活又は社会生活を営む上で障壁となるような社会における事物、制度、慣行、観念その他一切のもの）により、十分な社会参加ができていない状態が「障害」と考えられています。

　私たち一人ひとりの指紋や顔形などが少しずつ異なるように、全ての人々が異なることを前提に、誰もが社会に参加し個性と人格を尊重し合いながら共に暮らせる共生社会の実現が目指されています。（障害者基本法第1条）

2）障害福祉分野でのボランティアの場面

　では、どのような場面でボランティア活動に参加できるのでしょうか。
①イベントや施設/事業所等（以下、事業所）の行事のボランティア活動
②障害のある人個人への日常的な継続的/単発的なボランティア活動
③事業所/ボランティアサークル等での直接的/間接的で継続的なボランティア活動　等

　上記の例のように、様々な形態のボランティア活動があります。ボランティアの初期は、当然ながら初めてのことが多く心配なことが沢山あるかもしれません。まずは、①行事のボランティア等に参加することで、実際の活動について理解しやすくなり、次の新たな活動への自信につながるでしょう。

　更に②や③のボランティア活動について、間接的活動では草引きや物品の運搬、雪かきなど、当事者の生活に必要な活動への参加があります。直接的活動では買い物への同行や美術展や会合への同行、余暇活動としてスポーツを共に行うなど、当事者個人の必要に応じた多様な社会参加を促進するボランティア活動があります。継続的なボランティア活動では、よりお互いが人と人として理解し合い時間を共有し、活動の楽しさや互いの思いを共有できる機会となるでしょう。

3）Aさんのボランティア活動から

　大学1年生のAさんは、大学のボランティア募集のお知らせで知ったB社会福祉法人夏祭りの

ボランティアに友人とならば参加できそうだと考え、思い切って参加することにしました。B社会福祉法人夏祭りのボランティアでは、事前に説明を聞いていたとおり、知的障害のあるCさん（28歳）と一緒に夏祭りに参加するということでした。説明では、分かりやすいコミュニケーションを心がけること、年齢に応じた言葉遣いをすること、個人情報保護に気を付けてほしいことなどが説明されました。夏祭りでは、Cさんと屋台を巡ってかき氷を食べたり、お小遣いの管理を手伝ったり、Cさんの友人と挨拶したり、Aさんも一緒に楽しみました。それ以降、AさんはB社会福祉法人のグループホームに時折訪問し、Cさん達と一緒にお菓子作りをしたり、スマートフォンの使い方を話し合ったりボランティア活動を続けていました。

　ある時、グループホーム職員の方から「Cさんが先日の旅行の後から、卓球をしたいって話しているのだけれど、町内の公民館で毎週開かれる卓球サークルに、無理がなければ一緒に参加してくれないだろうか」と相談がありました。公民館までの行程や会場の利用方法などCさんにとって必要になるかもしれないサポートについて聞きました。これまでCさんと様々な活動をしてきたAさんにとって、それらの説明の内容はよく知っている内容でした。中学生の頃、卓球をしていたAさんにとって、週1回ならば私にもできるかもしれないと思い、翌月からCさんと一緒に参加してみることにしました。

　当日、グループホームにCさんを誘いにいくと、体操服に着替えてニコニコしているCさんと職員の方がいました。職員の方と緊急時の確認をし、Cさんと公民館に自転車で向かいました。Cさんは、公民館の使い方に少し戸惑いをみせていましたが、初めての卓球サークルの人たちとも元気よく挨拶し、すぐに親しく話をしていました。「卓球の動画をたくさん見ていた」とCさんは話し、卓球のラリーを楽しみ、空振りもしましたが、みんなの笑顔があふれていました。2時間後、卓球サークルが終わるとAさんはCさんとグループホームに戻り、職員の方に楽しかった様子を二人で話しました。

　Aさんは、その後もCさんと週1回の卓球サークルへの参加を続け、今では卓球サークルをとても楽しんでいる自分自身に気づきました。試合形式になると、時々AさんはルールについてCさんをサポートしましたが、今では他の参加者がサポートしたり、Cさんが中心となり準備運動をリードしたりと、お互いの得意なことを行っています。

　Aさんは、Cさんや他の参加者とも親しくなり町内に異なる世代の多くの友人ができました。何よりCさんの笑顔やサークルメンバーとの時間は、かけがえのない時間となっています。今度は、同じグループホームの運動が好きなDさんにも声をかけてみようかとCさんと話しています。

4）共に生きる学びへ

　Aさんの活動は、単発的なボランティア活動から、継続的な地域で暮らす人と人とのサポート活動へ、更にその輪は卓球サークル参加者やCさんの友人にも拡がりをみせています。

　あたりまえに違いをもつ人と人がかかわり対話し、互いの社会参加をよりすすめようとするボランティア活動は、誰もが他者と共に生きるための学びとなるでしょう。

（勝井　陽子）

7 精神保健福祉領域におけるボランティア活動

1）こころの健康をめぐる状況

　「21世紀はこころの時代」といわれて久しいですが、みなさんは、こころの健康、すなわち精神保健（英訳は「メンタルヘルス」）について、どのようなことが思い浮かぶでしょうか。複雑で混沌とした、見通しが立ちにくい高ストレス社会を生きる私たちにとって、こころの健康の保持・増進は、重要な生活課題であり、国民的課題の一つになっています。厚生労働省の「患者調査」によると、精神疾患を有する総患者数は614.8万人（2020年）と示されており、国民の約20人にひとりが罹っている「国民的疾患」であることがわかります。うつ病などの気分［感情］障害や統合失調症、神経症性障害、認知症といった精神疾患は、私たちが生きていく中で誰にでも起こり得る身近な疾患であり、より実質的な対応が求められているといえるでしょう。

　精神疾患や精神障がいは、法律や診断基準によってさまざまに定義され、解釈されています。精神疾患による症状もさまざまあり、その人の状態や有している特徴と社会環境が相まって起こる生活のしづらさを、精神障がいととらえることができます。その特性として、①疾患と障がいが共存すること、②それらが変化し、固定されないこと、③ストレスに対するもろさがあり、社会環境の影響を受けやすいこと、④障がいが見えづらいこと、などがあります。一見してわかりづらいことで理解がされにくく、誤解や偏見、差別につながってしまう状況があります。

　このような背景や現状に置かれているのが、精神障がいのある人であるといえます。ゆえに、ボランティアとしての強みを活かしたみなさんとのかかわりが、大きな意味をもつものと思います。

2）精神障がいのある人とかかわるボランティア活動の実際

　私たちが暮らす地域には、精神障がいのある人に対して障害福祉サービスを提供し、生活支援を担っている事業所があります。精神障がいのある一人ひとりの思いや願い、命が尊重される、あたたかくてやさしい地域づくりに向けて、また、メンタルヘルス課題を自分事としてとらえるために、私たちには何が求められるでしょうか。

〇精神障がいのある人とかかわる活動例～就労継続支援Ｂ型事業所にて～

　高校生であるＺさんは、夏休み期間を使ってボランティア活動に取り組みたいと考えていました。自宅近くにNPO法人（特定非営利活動法人）があり、障がいのある人の働く場であることは知っていたものの、実際にどのような人が、どんな活動をしているのか、気になっていました。パソコンで検索した団体のホームページには「障がい者の働く・暮らす・楽しむを応援します」と掲げてあり、就労支援事業所の他に、グループホーム（共同生活援助）、地域活動支援センターを運営していることがわかりました。また、「ボランティア募集中―私たちと一緒に活動してみませんか？―」との呼びかけもあり、勇気を出して連絡をとってみました。スタッフの

「まずは気楽に見学してみませんか」との声かけによって、一歩を踏み出すことができました。

　見学を経て、活動の初日は、利用者の方と屋内作業をしました。緊張しているZさんに対して、利用者の方がやさしく声をかけ、やり方を教えてくれました。その方と一緒に、公園清掃やポスティングなどの屋外作業にも参加しました。数回続けると、名前を覚えてくれる方や、来所を楽しみにしてくれる方もあり、動機が高まりました。活動中の困りごとには、スタッフが話を聞いてくれ、アドバイスを受けることで学ぶ機会となりました。

　グループホームでは、食材の買い出しと調理を手伝い、利用者の方とゆっくりと夕食をともにすることで、就労支援事業所での日中の様子とはまた違った一面を知ることができました。地域活動支援センターでは、美術部に所属し、絵を描くことが得意であったZさんは、スケッチを趣味とする利用者の方との会話が弾み、絵画プログラムの日に一緒に楽しむことができました。

　Zさんは、これらの活動を通して精神疾患や精神障がいについて身近に感じるようになり、ボランティアをする前のイメージが変化していきました。夏休み終了後も、時間をみつけて利用者やスタッフの方々との交流を続けていきたいと思うようになりました。

3）活動の先にある未来へとつないで

　受け入れ先のスタッフは、Zさんの活動に対して、次のような気づきや期待が湧いてきました。

「私たちの各事業所やNPO法人全体が、地域に開かれた場所になっていくためには、日頃の固定化した人間関係の中だけでは生み出されるものが限られてしまうことに気づかされた。若い世代のボランティアの存在は、利用者はもとより、スタッフにも新しい風をもたらし、出会いの輪を広げるきっかけになる。人と人とのつながりによって生まれる絆を基盤に、ごくあたりまえの関係性やこころの健康の大切さを地域に広めていく役割を期待している。」

　ボランティア活動の本質は、みなさん自身の自主性、主体性に基づいて行われる社会的活動です。体験を通して知ることのできた醍醐味や魅力について、周囲の人に伝えるという重要な役割を担ってもらうことが期待されています。また、みなさんの存在は、障がいのある人の権利を護る活動にもつながります。最初の一歩は、勇気がいるかもしれませんが、他者とのかかわりによって、新しい自分に出会うことのできる可能性を秘めたボランティアの世界にふれてみませんか。

　Zさんのように、まずは一度見学をしてみてから、ということでもよいと思います。今回ご紹介した団体（特定非営利活動法人ふれあいの家鴻の峯〔WEBサイト：https://konomine.com/〕）の窓口は、いつでもオープンにされていますので、身近なところで、できることから始めてみていただけると幸いです。素敵な出会いがあることを祈っています。

[参考文献]
日本精神保健福祉士協会精神保健福祉部権利擁護委員会編集（2011）『みんなで考える　精神障害と権利』

（宮﨑　まさ江）

8　高齢者福祉分野のボランティア活動

1）高齢者施設で活躍するボランティアたち

（1）デイサービスの風景から

　高齢者施設で活躍しているボランティアには様々な活動があります。デイサービスの風景を紹介しましょう。デイサービスは、在宅の高齢者の方が楽しみにしているサービスの一つで、生け花や将棋、習字、カフェ、マッサージ等が行われており、それぞれの分野で活躍しているボランティアに出会うことがあります。

　カフェコーナーで美味しい珈琲や紅茶を利用者にふるまっている主婦田中さん（50代、仮名）は、月に4回程度、ボランティアとしてこの施設に通って2年になります。田中さんがボランティアをするきっかけとなったのは、田中さんの母親が亡くなったことでした。認知症になり、自分のことを忘れてしまったお母さんを受け容れることができないまま、中途半端な介護をしてしまったという思いから、ボランティア活動を行っているそうです。田中さんは、高齢者の方が自分のいれる珈琲を美味しそうに飲んでいるのを見て、珈琲が大好きだったお母さんのことを思い出しているということです。その時間をとっても幸せに感じている田中さんにとって、高齢者施設でのボランティア活動は人生の一部となっています。

　デイサービスが明るい雰囲気なのは、利用者の方を支える職員だけでなく、ボランティアたちの優しさや思いがこめられたサービスが提供されているためであると気付かされます。

2）高齢者施設で大学生ボランティアが学ぶこと

（1）授業で体験した学生の声から

　山口県立大学では、「高齢者の方とかかわりたい」「高齢者福祉の現状を知りたい」「高校の時に、デイサービスでボランティアをしたことがあって、続けて活動していきたい」等の思いを持った大学生たちが、授業や自主的なボランティア活動でたくさんの高齢者の方に出会ってきました。授業で高齢者施設でのボランティアを体験した1年生のレポートを紹介します。

　私がボランティアの授業を選択した理由は、ボランティアについての理解を深めたかったからである。私が高校生の頃、社会福祉協議会で何度かボランティアをしたことがあった。しかし、ボランティアに参加しただけで「楽しかった」や「大変だった」で、いつも終わっていたのである。今回、ボランティアの授業を受けて反省し、振り返ることが必要だと思い受講した。

　私はサークル活動で主に児童と関わることが多いため、ボランティア先に高齢者施設を選択した。活動初日はどうすればいいのかわからず、積極的に動くことができなかった。しかし、職員の方に助けてもらいながら、レクリエーションを通して利用者と少しずつコミュニケーションを取った。活動2日目も職員の方に助けてもらいながらだったが、最初よりも利用者のことを考えながら動くことができた。レクリエーションの内容も、いつもは缶積みだったが、この日は敬老会だったため利用者を2階まで連れていき、そこで一緒

に出し物を見ながらコミュニケーションを取った。活動3日目は少し慣れ、する内容も覚えてきたが毎日利用者が変わるため、また一から関係を築くことが大変であった。しかし、レクリエーションの内容が歌体操だったせいか、利用者と一緒に歌って体を動かしながら接することができ、いつもより戸惑うことはなかったように思える。活動最終日は午前から参加した。この日が一番積極的に行動することができ、利用者のほとんどの方とコミュニケーションを取ることができたと感じた。

　今回のボランティア活動で感じたことは、毎日利用者が変わるので名前を覚えることやコミュニケーションを取ることの大変さである。しかし、利用者から笑顔で「ありがとう」と言われると喜びもあった。ボランティア活動後の事後報告ではグループワークをしたことで、同じ活動場所だった人の意見を知ることができ、自分の考えの浅はかさに気づいた。そして、違う場所で活動した人とは、共感できる意見があり、とても良い刺激になった。他者理解については、職員の方も私たちと同じように、利用者とどう接すればいいのか不安に思うことがあった。自己理解については、周りを良く見てもっと行動すればよかったと思った。利用者の中にはすぐに動けない人がいて、何か困っているときにすぐに対応したかった。社会理解については、職員の方は利用者一人ひとりの個性や性格、健康状態を理解しているように感じた。利用者の人数は多いが施設で半日生活するし、命を預かっているため一人ひとりを把握することは大切だと感じた。

（2）高齢者福祉分野のボランティア活動における大学生の役割

　高齢者施設で働いているスタッフに、大学生がボランティアとして入ることの意味を聴いてみました。社会福祉士のAさん（男性、30代）は次のように話してくれました。

　「大学生は、高齢者の方にとって孫のような存在です。だから、同じ時間を共有し、一緒に活動したり、笑ったり、驚いたりと、感情を共有してあげるだけで、喜ばれます。何かをしてあげなくてはというのではなく、一緒にいる時間を通して、何ができるか考えたり、自分の役割を考えて下さい。」

（3）高校生ができること

　介護福祉科や総合学科に通うみなさんは、実習やボランティア活動で、高齢者のデイサービス等へ赴き、高齢者とかかわったり、レクレーションのお手伝いをした経験があるでしょう。高校生の活動をみてみると、大学生と同じように、ただ一緒にいること、そして、必要な手助けをすることが大事であるように思います。介護福祉士のBさん（女性、20代）は、「若い人とお話をするだけで、気持ちが明るくなったりする方も多くいらっしゃいます。しっかりコミュニケーションをとって、自分自身も楽しむことが大事ですよ。」と言われました。上記の大学生の例のように、同じ時間を過ごし、一緒に楽しむことがあなたにできるボランティアなのです。出会った人とのコミュニケーションを大事に、心のふれあいができるようなボランティア活動ができるといいですね。

（藤田　久美）

9 　地域福祉分野のボランティア活動

1）地域福祉活動とは

　地域福祉活動とは、おもに単位自治会・町内会や小学校区程度の地域社会において、住民がお互いに助け合い、家族だけでは対応できない生活課題の解決に取り組む活動です。

　地域には、皆さんのような高校生以外に、小中学生、幼稚園児、乳幼児などの子どもが生活しています。皆さんのお父さんやお母さん、あるいはお祖父さんやお祖母さんと同世代の方々も生活しています。また障がいのある方や、生活が苦しくてお困りの方も生活しています。地域社会とは、様々な世代や立場の人々が生活を営む場なのです。

　私たちは、日々の生活の中で様々な課題に直面します。困ったことがあった時、皆さんは誰に相談しますか？まずはお父さんやお母さん、あるいは兄弟姉妹などの家族に相談するでしょう。しかし、育児や介護など、家族だけでは解決できない課題もたくさんあります。隣近所に住んでいる人々がお互いに協力し合い、個人や家族を支援する仕組みがあれば、もっと安心して生活できると思いませんか？

　ここでは、その一例として、高齢者を対象とする「ふれあい・いきいきサロン」活動を紹介し、高校生の皆さんがどのように関わることができるのか、考えてみたいと思います。

2）高齢者を対象とする「ふれあい・いきいきサロン」の概要

　「サロン」活動とは、月に1回程度、おもに高齢者を対象とし、歩いていける地域の集会所などで、地域住民との交流の機会をつくる活動です。高齢期は、仕事や育児から解放され、人生の中で最も「自由」な時期なのですが、社会参加すなわち人との交流を積極的に図らないと、人間関係が失われ孤立していきます。祖父母、父母、子の3世代同居があたり前の時代にはあまり問題にされなかったのですが、成人した子と親との同居が難しくなり、一人暮らしや夫婦のみ高齢者世帯が急増するなかで、高齢期の「孤立」や「生きがい喪失」が、家族だけでは対応が難しい生活課題として注目されるようになりました。このような社会状況の変化のなかで、地域社会に高齢者の居場所をつくる「サロン」活動の必要性が高まっているのです。

　「サロン」活動の目的は、参加者の居場所づくりです。参加者にとって、気軽に参加でき、また参加したいと思えることが大切です。したがって、活動内容は、会食、おしゃべり、合唱や踊り、手芸、はがき絵制作など「みんな」で楽しめるものであれば何でもOK、となります。集会所から外に出て、お花見やお買い物に繰り出す時もあります。

　ところで、「みんな」で楽しむためには、活動内容について参加者同士で話し合う必要があります。活動内容には、保健師による健康チェックや、各種専門家によるレクリエーションなどが含まれていることもありますが、これらの方々を招くかどうかも参加者同士の話し合いで決めています。この点が、医療福祉施設に併設され、専門職が企画実施を主導することの多い「デイ

サービス」とは大きく異なるところです。「サロン」活動は、地域住民が主導しその助け合いによって生活課題の解決を図る、という地域福祉の理念に基づいて営まれているのです。

3）高校生ができること、高校生に期待されていること

　「サロン」活動に関心を持たれた方は、ぜひ見学してみてください。まずは、最寄りの社会福祉協議会に問い合わせて、近くの「サロン」を紹介してもらいましょう。社会福祉協議会は、地域福祉の推進を目的とする民間の非営利組織で、「サロン」活動の支援も熱心に行っています。皆さんの質問にも丁寧に答えて頂けるでしょう。どのような「サロン」があり、見学するにはどうすればよいか、見学に際しての注意点は何かなど、しっかりと尋ねておきましょう。

　次に、いよいよ「サロン」の見学です。初めて訪問するときは緊張するものですが、高齢者対象の「サロン」では、皆さんのような若い方の訪問があると、とても喜ばれます。その気持ちにお応えして積極的に関わるようにしましょう。学校での勉強や部活動、趣味活動などについてお話しし、参加者の日頃の生活や昔話に耳を傾けるうちに、共通の話題が増え、少しずつ親しくなることができます。

　そのうえで、できる範囲で活動のお手伝いをしたいものです。会場の設営、調理・配膳のお手伝い、道具の準備など、やるべきことはたくさんあります。参加者の様子や場の雰囲気をよく観察し、自分でできることを探す、という姿勢が必要です。

　また、皆さんが仲間で企画して、10分程度のちょっとした出し物をすると、とても喜んで頂けます。難しいことをする必要はありません。参加者に喜んでもらえるよう一生懸命に取り組むことが大切です。若い皆さんのひたむきな姿に感動しない大人はいません。たとえ失敗しても、きっと温かい目で見守って頂けます。

　ここでは、高齢者を対象とする「サロン」活動を例としましたが、地域福祉分野には、他にも様々なボランティア活動があります。自分の住む地域に関心を持ち、どのような課題があるのか調べ、できることから少しずつ取り組みましょう。若い皆さんの取り組みを目の当たりにして無関心でいられる住民はいません。このようにして活動の輪を広げることが、地域福祉の発展につながります。皆さんは、地域福祉活動の担い手として、とても期待されているのです。

［参考文献］
坂本俊彦『地域住民による「閉じこもり」予防活動の可能性』やまぐち地域社会研究9号　p.111-122　2012

（坂本　俊彦）

10 認知症の人と家族を支えるボランティア活動

1）認知症の人と家族を取り巻く状況の変化

　2023年6月に、認知症基本法（正式名称は「共生社会の実現を推進するための認知症基本法」）が成立しました。この法律の目的は、認知症の人が尊厳を保持しつつ希望を持って暮らすことができる共生社会の実現を推進することです。高齢化の進展に伴い、認知症の人の増加が見込まれる中で、その人の意思が尊重され、住み慣れた地域で、自分らしく暮らし続けることのできる社会を目指した取組が進められています。

　現在、認知症に対するイメージが変わりつつあり、全国各地で認知症支援の輪が広がりを見せています。山口県においても、本年（2025年）には約9万人、65歳以上の約5人にひとりが認知症になるといわれていますが、認知症になっても安心して暮らすことができる地域づくりに向けてさまざまな取組や活動が行われています。その一つに、認知症カフェがあります。認知症カフェは、認知症の人と家族、世話人と称される主催者（専門職等）、地域包括支援センターの職員、認知症サポーター、近隣地域の住民に加えて、高校生や大学生など、誰でも参加が可能です。多種多様な人々が集まり、情報交換や交流を通してゆるやかなつながりが生み出されています。

2）認知症カフェにおけるボランティア活動の実際

○大学生が参加している「カフェふしの」の概要
・運営（主催者）：認知症の人と家族の会山口県支部
・呼びかけのメッセージ：
「認知症の方やそのご家族、地域の方々が古民家に集まって飲み物を飲みながら、のんびり楽しい時間を過ごしたり、交流ができる、「カフェふしの」を開催しております。どうぞお気軽においでください。」
・開催日：毎月第3日曜日　13時開店（15時閉店）
・場所：古民家～懐かしい土間や大きな梁がある古民家です～
・基本理念：認知症の人も家族も、専門職も地域の人も、日常の会話を楽しみ、自由に思いを語ることができる時間と場所であること。
・参加費：ひとり100円（飲み物代として）～コーヒー、お茶、お菓子が用意されています～

○「カフェふしの」での活動例～ある1日～
・10：30～　開店の準備
　（掃除、机・椅子のセッティング、コースター・お茶菓子用の懐紙へのスタンプ押し、のぼり・看板の設置など）
・12：00～　ランチミーティング（世話人の方との打ち合わせ）
・13：00　開店（コーヒーの提供後に会話）

・15：00　閉店（片付け、掃除、洗い物など）
・15：45～　ふり返り
・16：30　終了

○**参加学生の感想**

　認知症カフェに、初めて参加しました。これまでの私は、認知症の方やご家族とのかかわりがあまりなく、緊張していました。実際に、古民家の玄関に入ると、世話人の方がつくり出しているアットホームな雰囲気があたたかく迎え入れてくれて、安心することができました。

　カフェの準備では、コーヒーの提供の際に使用するコースターやお茶菓子を置く懐紙に手作りのスタンプを押しました。このようなきめ細やかな気配りが、アットホームな雰囲気をつくっていると思いました。コーヒーの提供が落ち着いたところで、私は、あるテーブルの会話に加わらせていただきました。そのテーブルに集われたみなさんは、月1回のカフェを楽しみにされていて、笑顔の絶えない時間になっていました。「この場所で新しい友達ができた」「一緒に頑張ろうね」と、とても嬉しそうで、私も一緒に楽しい時間を過ごすことができました。

　参加を通して、認知症カフェという、受け入れてもらえる場所があることが、どれほどの支えになっているかを実感できました。仲間がいて、支えてくれる人がいて、自分も誰かの支えになることができる、といった関係性があるからこそ、次も参加したいという気もちになると思いました。私もまた、参加したいです。

3）活動の先にある未来を見据えて

　「カフェふしの」を主催している世話人の方からの学生ボランティアに対するメッセージです。

　「私たちは、若い世代のみなさんが一緒に参加をしてくださるというだけで、ご本人やご家族の様子が変わるということを学んでいます。普通にみなさんとのかかわりが大事だということです。ご本人やご家族は、今、認知症をもっていても、いろいろな経験をしてこられたお話を認知症とか関係なく、人生の先輩が、若者に伝えたいことを伝えている、という印象があります。

　認知症カフェは、ご本人とご家族と、地域住民や次世代を担う若者との距離を縮める場所にもなっています。認知症に対する周囲の理解が進み、ともに生きていく社会をつくるために、認知症とつながることのできる場所の一つが認知症カフェだと思います。」

　誰もが認知症になる可能性があります。それは、みなさんの大切なご家族や周囲の人、みなさんご自身がなり得るという可能性です。人は、孤立しては生きていけないといわれています。私たちが暮らす地域で、認知症カフェ活動を通して、他人事ではなく自分事として、楽しみながら自然とつながること、また、どのような社会が望ましいのか、一緒に考えていくことのできる場としても重要になると思います。いつかご一緒に、活動ができることを願っています。

（宮﨑　まさ江）

11　障害者スポーツ分野のボランティア活動

1）障害者スポーツの意義

　スポーツとは何でしょうか。2011年に施行された「スポーツ基本法」では、次のように定義されています。
「スポーツは、心身の健全な発達、健康および体力の保持増進、精神的な充足感の獲得、自律心その他の精神の涵養などのために、個人または集団で行われる運動競技その他の身体活動である。今日、国民が生涯にわたり心身ともに健康で文化的な生活を営む上で不可欠なものとなっている。」
　このように、スポーツは競技として勝敗を競うだけでなく、私たちが健康で文化的な生活を送るための重要な基盤です。そして、それは障害によって制限されるものではありません。「スポーツ基本法」の基本理念には、「スポーツは、障害者が自主的かつ積極的にスポーツを行うことができるよう、障害の種類及び程度に応じ必要な配慮をしつつ推進されなければならない」と明記されています。障害のある方にとってもスポーツは同じく重要であり、時にそれ以上の意義を持つことさえあります。
　例えば、パラリンピックは、障害のあるアスリートが世界中から集い、卓越した技術や体力を競い合う、スポーツの最高峰を象徴する大会です。しかし、それだけにとどまりません。日本パラリンピック委員会は、パラリンピックを単なる競技大会ではなく、社会に存在するさまざまなバリアを減らし、新たな発想を促す契機として位置づけています。つまり、パラリンピックは「共生社会」を具現化する場でもあるのです。この視点に立つと、障害者スポーツは単なる競技の枠を超え、社会全体の意識を変革し、より良い社会の実現に寄与するという、極めて重要な役割を担っていることがわかります。したがって、障害者スポーツのボランティア活動もまた、単に競技を支えるだけではなく、共生社会の実現を目指す意識改革の一環として捉えるべきでしょう。こうした活動を通じて、障害のある方々がスポーツを通じて自己実現を果たす機会を得られるだけでなく、社会全体が障害に対する理解を深め、共に生きる価値観を共有することが可能になるのです。そして、その経験は、ボランティアとして関わる皆さんにとっても、かけがえのない気付きを与え、成長の糧となるでしょう。障害者スポーツに関わることで得られる学びや感動は、きっと自身の価値観を広げ、新たな視点をもたらしてくれるはずです。

2）障害者スポーツ分野のボランティア活動について

　日本の各地域では、障害者スポーツの普及と振興を目指し、多くの団体が活発に活動を展開しています。ここでは、それらの団体とつながりのある、国際的な障害者スポーツ大会についてご紹介します。
＜パラリンピック＞障害者を対象とした国際的な総合スポーツ競技大会です。4年に一度、オリ

ンピック競技大会の終了直後に同じ会場で開催されます。身体障害者、視覚障害者、そして知的障害者（知的障害者は水泳、陸上、卓球の３競技に参加可能）が出場します。競技では障害の種類や程度に応じてクラス分けが行われ、公平な競技環境が確保され、選手たちは自分の能力を最大限に発揮し、白熱した競技が繰り広げられます。

＜デフリンピック＞聴覚障害者を対象とした国際的な総合スポーツ競技大会です。「デフ（Deaf）」とは英語で「耳が聞こえない」という意味です。４年に一度、夏季大会と冬季大会がそれぞれ開催されます。選手は競技中に全員が「聞こえない」状況で公平に競い合います。ルールはオリンピックに準じていますが、スタートの合図にはランプの光や旗などが用いられています。この環境の中で、選手たちはその能力を存分に発揮します。

＜スペシャルオリンピックス＞知的障害者を対象に年間を通じてスポーツトレーニングと、その成果を発表する競技会を提供する国際的なスポーツ組織です。競技会では日常的なスポーツ活動を通じて自己成長を目指すことが重視されています。順位に関係なく、競技をやり遂げた全てのアスリートが称えられ、表彰されるのも特徴です。また、「ユニファイドスポーツ」という取り組みでは、知的障害のある人と健常者が混合チームを作り、一緒に練習や試合を行います。これにより、スポーツを通じて互いの個性を理解し、支え合う関係が築かれます。

　私がスペシャルオリンピックスのボランティア活動に初めて参加した日のことは、今でも鮮明に覚えています。活動に参加する前は、「どのように支援すればよいのだろう」「うまく言葉を伝えられるだろうか」といった不安がありました。しかし、実際に共に体を動かしてみると、言葉以上に一緒に汗を流すことが大切だと気づきました。その時間を通じて、「支援する側」と「される側」という境界がなくなり、ただ「スポーツを楽しむ仲間」という意識が芽生えたのです。

　障害者スポーツのボランティア活動は、特別なスキルがなくても始められます。興味のある方は、「障害者スポーツボランティア」とインターネットで検索してみてください。地域のスポーツ団体や市役所、スポーツ施設のHPなどでボランティアの募集情報がみつかることでしょう。不安に感じることがあっても、まずは一歩踏み出してみてください。ボランティア活動を通じて、新たな気づきや学びが得られるだけでなく、スポーツを通じた素晴らしい出会いが待っているはずです。ぜひ、勇気を持って登録や問い合わせをしてみてください。

［参考文献］

スポーツ庁（2011）スポーツ基本法（平成23年法律第78号）（条文）．https://laws.e-gov.go.jp/law/423AC1000000078（2025.1.17アクセス）

（山﨑　智仁）

12　国際交流分野のボランティア活動

1）世界に出る・地域に出る

　日本国内で外国人を見かけることが普通になりました。第二次世界大戦前に日本に来た人をオールドカマー、戦後復興を遂げた日本が世界で経済成長を誇った1980年代ごろから日本に入ってきた人をニューカマーといいます。近年では、インバウンド観光客、外国人労働者、国際結婚をして子どもたちと暮らす家族、日本で暮らしてきて高齢者施設に入っている人など、多様な外国人が私たちの生活の中で共に遊び・学び・仕事をする社会の一員となっています。

　「文化」は、海に浮かぶ大きな氷山にたとえられます。海の上に出て見える部分と、海の下の見えない部分があります。異なる身体的特徴や風習、言葉といった「目に見える違い」をもつ外国人は、「異文化理解」や「異文化交流」のわかりやすい対象となります。一方で、同じ国や地域の中でも文化の違いはたくさんあります。例えば、同じ日本人同士でも、男女やジェンダー、世代、障がいの有無、社会階層、地域、学部の専門性や職種などの多様性（異文化）があります。私たちはいくつもの集団に属しながら育ちます。家庭、保育園や幼稚園、学校、クラブやサークル、アルバイトといったように異なる集団によって、家風・校風・社風といった集団や組織の違いによる異文化があります。私たちは自分自身の中に、他人とは異なる「目に見えない違い」をいくつも持っているのです。

　世界に出ると、目に見える異文化に接します。日本の中でも在住外国人に出会うと、わかりやすい目に見える異文化に気づきます。そのような場所に自分の身を置いて、「目に見える違い」に気づいたら、次は「目に見えない違い」にも思いを馳せる力をつけましょう。

2）ボランティアを行う場

　海外にも日本国内にも、「国際交流」「国際協力」「多世代交流」「異業種交流」などをする団体が数多くあります。例えば、ユネスコやユニセフ、国際協力機構（JICA）や海外協力隊、国際交流基金や国際交流センター、県や市町の国際交流協会、姉妹都市や姉妹学校交流、NGO、手づくりの民間団体など。これら国際機関、各国政府、NGOやNPO、企業などが開催する取り組みや行事をウェブサイトで知ることができるし、学内にも掲示されています。大学のグローバルセンターが行う留学生との交流をはじめ、身近な地域で行われるイベントにまずは参加してみましょう。そこに集まってくる大学生や社会人、高校生や中学生、子どもたち、在住外国人、国際交流や国際協力を職業としている専門家やボランティアの人たちと出会うことで、「未知」が「知」に変わります。

　世界中からモノが入ってくる今日、あなたが使っている文房具や洋服、電気製品、食べ物、交通機関を動かすエネルギーなどは、海外で暮らす「誰か」の手でつくられています。その人たちにも家族があり、地域があり、国があります。「環境にやさしく」「公正な労働条件」のも

とでつくられたモノを選んで買うことで国際協力をするフェアトレードや、自分が食事をするときに開発途上国のもう一人も食べられるように支援をするTable for Two、服やモノの世界的なリサイクル活動などを知り、日常生活のなかで小さな行動を起こす若い世代が増えています。社会や環境、世界や地域に対して高い意識をもった事業を展開する企業（CSR: cooperate social responsibility）のことを調べ、そういった活動を支持する消費者（CSR: consumer social responsibility）になることも広い意味でのボランティアといえるでしょう。

3）自分の境界線（ボーダー）を広げる

　一人の人間は4つの領域からできているというのが「ジョハリの窓」モデルです。「自分も他人も知っている」「自分は知っているが他人は知らない」自分を超えて、「他人からは見えるが自分自身では知らない」「自分自身も他人もまだ知らない」自分の領域を大きくしていくことが、成長していくことにつながります。異文化に触れる場に出たり旅をしたり、言葉が通じない環境で何とかやってみる体験の中から、発話・対話・コミュニケーション力が高められます。

　また、日本人としての「自分」を、世界のさまざまな国や地域（地球）で生きる人類の一人としてとらえる広い視野をもちましょう。人類（ホモサピエンス：知恵のある人）の一員である私たちが、現在これほど安全で豊かな生活を過ごせているのは、長い歴史の中でほんの一瞬の奇跡（ミラクル）であることがわかります。同時に、多くの人々の努力の積み重ねの結果でもあり、社会づくりの成果でもあることに気づきましょう。

　21世紀は市民社会（civil society）の時代です。他人ごとに見える問題も、実は地球上で生きる「私」につながる課題だということに気づき、一人一人の行動から周りを変えていく。それが国際的なボランティアの始まりです。

4）身近な国際ボランティアの事例

　大学卒業後に海外協力隊に出かける人が増えています。野球や卓球などのスポーツ指導、衛生や環境改善などの青少年活動、日本語指導など、大学時代までの経験を活かせる分野があります。一度働いてみて、教育や社会福祉、看護や栄養、学芸員や公務員といった職種で海外に出て視野を広げてから、また職場に戻る人もいます。県内各地で説明会があり、派遣中の隊員の話をオンラインで聞く会や、帰国後の体験談を聞く会など、各都道府県のJICAデスクが開催しています。そういったイベントの手伝いをするボランティアもあります。

　途上国で支援を行うNGOの活動報告会、イギリスやフランスなどのさまざまな国との交流を楽しむ民間団体、異世代や異業種交流会などでも、大学生ボランティアが参加すると、若い人たちの知恵とスキルと発信力とで活動が活性化します。ぜひ地元の活動を検索して、新しい自分づくりの一歩を踏み出してみてください。

（岩野　雅子）

13 栄養教育分野のボランティア活動

1）食育プログラム開発チーム　食育戦隊ゴハンジャーの紹介

「食に興味がある」「子どもが好き」「企画を考えたり教材を作ったりすることが好き」などといった大学生が中心となって行っているボランティア活動に、山口県立大学看護栄養学部栄養学科 食育プログラム開発チーム 食育戦隊ゴハンジャーの活動があります。このチームは、平成18年度から食育の推進という地域課題の解決をテーマに、子どもとその保護者を対象に食育活動を行っています。

このチームの活動は、様々な体験を通して食に対する意識や行動の変化に繋がるプログラムを開発することを目指しています。そのため、子どもたちが楽しみながら食について学び、自身の食生活について考え、改善点に気づくことができ、家庭での継続的な食育に繋げることができるプログラムの開発に努めています。

「ゴハンジャー」とは、このチームのオリジナルキャラクターで、三色食品群をイメージし、鶏肉のチキミ（赤）、お米のヨネオ（黄）、ピーマンのピーコ（緑）の3人組で構成されています。このゴハンジャーが子どもたちのヒーローとなり、食育プログラムを行うことにより、楽しみながら子どもたちの食への興味・関心を引き出し、プログラムの効果を高めています。

2）活動の仕組み

このチームのメンバーは、栄養学科の学生及び教員（約40名）で構成されており、学生はプログラムの実施だけではなく企画、運営、さらには評価にも関わり、教員と共に1つのプログラムを作り上げています。このプログラムの特徴は、学生が主体的に活動するところにあります。参加した学生は、学年を超えて交流し、食育プログラムの開発にとどまらず、自主性・積極性を育むことができ、授業では学ぶことができない多くのことを体験し、勉学意欲や職業意識を高めるなどの教育効果をあげています。

メンバーの大半は、「食に興味がある」「子どもが好き」といった共通点はありますが、教育や食育の方法を学んだスペシャリストではありません。しかし、学生一人ひとりが子どもたちにより良い食育活動を行うために何ができるかを考え、お互い協力し合い、チームで1つのものを作り上げています。例えば、企画を考えることが得意な学生は「子どもたちの心をぐっとつかむ企画を考えたい」、絵が得意な学生は「イラストを描くことによって、子どもたちの目をキラキラ輝かせ、私たちの活動に引き込みたい」というように、自分にできることやチャレンジしたいこと等を担当することで、一人ひとりが強力な歯車となり、1つのプログラムを作り上げています。つまり、ボランティアと言っても特別なことをしているわけではないのです。

3）食育プログラムの取組や教材

活動には必ずゴハンジャーが登場し、食べ物への興味・関心を引き出すオリジナル教材（三色食品群の分類とその働き、五感、食べ物の旬等）を用いて、楽しみながら食について主体的に学ぶことができる体験型の食育プログラムを実施しています。保育園、小学校、スーパーマーケットなど、子どもたちの生活の場を食育活動のフィールドにして、できる限り日常生活の中で思い出し、繰り返し、振り返りができるような仕掛けを工夫しています。そして、一つひとつの活動の中で目標を定め、プログラム全体を通して子どもたちが段階的に無理なく目標達成できるように導くことを心がけています。例えば、保育園での活動においては、アイスブレイクから始まり、架空の物語の世界に子どもたちを巻き込みます。そして、自作教材を用いた食に関するクイズやブース活動を行い、最後にふりかえりを実施します。このことで、非日常的な活動の中で楽しみながら目的を達成し、食への興味・関心を持つきっかけを作ります。さらに、一過性の興味・関心にとどまらないように、園の先生と連携し日常生活へと結びつける仕組みも施しています。

新たな日常やデジタル化に対応した食育の推進に向け、企画や教材の開発も行っています。例えば、三色食品群を題材としたオリジナル絵本を基に動画とワークブックを作成することで、3つの教材を関連させながら活動に取り組めるようにすると共に、実施マニュアルを作成することでメンバーが出向かなくても実施できるようにしました。また、ビデオ・Web会議アプリケーションを用いた食育プログラムにも積極的に取り組んでいます。

4）食育戦隊ゴハンジャー未来へかがやけ！

これまで多くの学生が楽しみながらこの活動に参加し、卒業後は栄養教諭や保育園・認定こども園の管理栄養士等、子どもと食に関わる場に就職し活躍している先輩がたくさんいます。

この活動に参加し保育園に就職した卒業生が、「私がこうやって食育にやりがいを見つけ、頑張ろうと思えるのは、間違いなく大学時のゴハンジャーの活動に参加していたからだと思います。あの時、活動した経験がなければ、きっと今のように食育について考えることはなかった。」と教えてくれました。自分が楽しめない活動では、参加者にとっても楽しいものにはなりません。ボランティアを希望する皆さんが、楽しいと思える活動を見つけて、積極的に参加してみましょう。きっと得られる経験や学びは、皆さんの夢につながるでしょう。

山口県立大学看護栄養学部栄養学科ホームページ　https://www.yamaguchi-pu.ac.jp/nn/nt/shokuiku-gohan/（2025.1.15アクセス）で、このチームの活動紹介をしています。

（加藤　元士）

14　特別支援教育分野のボランティア活動

1）学校支援ボランティアの取り組み

（1）地域の教育力を活かして

　近年、教育現場の抱える問題が多様かつ、複雑なものとなっているのに伴い、様々な対応が検討されています。その中の一つに地域の教育力を活かして学校での教育活動を支える学校支援ボランティアがあります。平成27年には、文部科学省が「チームとしての学校の在り方と今後の改善方策について（答申）」を取りまとめました。その中では、教師以外の専門職や地域・家庭との協働を通して児童・生徒を育てる方向性が示されています。こうしたことからも、教育現場におけるボランティアは社会的な要請が高いことがうかがわれます。実際に、地域で暮らす様々な人が子どもの活動を支援している場面に行くと「地域ぐるみで子どもを育てる」というあたたかな雰囲気を感じ取ることができます。

（2）大学生による学校支援ボランティア

　学校支援ボランティアの中でも、特に注目されているのが大学生による学校支援ボランティアです。大学生による学校支援ボランティアは、特別な支援ニーズを持つ児童・生徒への支援を中心として、90年代半ばから広がり、様々な取り組みが報告されています。大学生による学校支援ボランティアは教師とは異なる役割を持つ立場で、学習支援や話し相手、清掃や給食の付き添いなど学校生活のあらゆる場面で支援を行います。大学生による学校支援ボランティアは、児童・生徒にとっての身近な将来のモデルになります。そのため、児童・生徒が学校支援ボランティアの大学生と接することは、将来の肯定的なイメージを育むことに繋がります。また、大学生にとっても学校支援ボランティアは教育現場の実態を知ることができる貴重な機会となっています。

2）特別支援教育とボランティア

（1）特別支援学校における学校支援ボランティア

　大学生による学校支援ボランティアへの注目は特別支援教育においても同様です。特別支援学校における学校支援ボランティアの要請は近年増加傾向にあります。山口県立大学でも平成19年度より教育委員会からの要請を受け、「学生支援員」として、学生を公立小・中学校に派遣し、特別な支援を必要とする子どもの支援にかかわっています。「学生支援員」として、特別支援学校でボランティア活動を行っている山口県立大学社会福祉学部の大学生すずなさんに聞きました。

> すずなさん：山口総合支援学校の肢体不自由児のクラスでのボランティア活動では、肢体不自由の子どもの特徴を考えながら、遊びを工夫することの難しさや大切さを学ぶことができました。
> 　　　　　　（小学校1年生と5年生の肢体不自由児クラスでのボランティア活動）

（2）特別支援学校におけるボランティアの実践

　山口総合支援学校でのボランティアでは、授業に参加するだけでなく、休み時間に一緒に鬼ごっこをしたり、プレイルームでホーススイング（ブランコ）遊びをしたり、給食を一緒に食べたりするなど様々な活動に参加することができます。小学部の校外学習では、総合支援学校の子どもたちと歩いて神社にも行きました。児童のみんなと一緒に新年のお参りをするなど、普段の大学生活ではなかなか味わうことができない経験もすることができました。山口総合支援学校の先生方からも、「学生さんたちが一緒に遊んでくださるので子どもたちも充実した時間が過ごせました」という声をいただいています。

　また、山口県立大学社会福祉学部子ども家庭ソーシャルワーク教育研究所（以下、子ども研究所）では、山口県立大学の大学生と山口総合支援学校の生徒さんとの交流活動も行っています。学生食堂を利用して昼食を共にしたり、レクリエーション活動を行っています。子ども研究所において実施されるこれらの活動は、山口総合支援学校の生徒さんにとっても大学という場を知る貴重な機会になっているとともに、大学生にとっても活動の企画など重要な学びの場になっています。

3）教員になる夢をつなげて

（1）夢につながるプロセスとしてのボランティア活動

　あすかさんは大学において、障害のある子どもに関わるボランティア活動を積極的に続けてきました。その中でも特別支援学校での子ども達との出会いは印象が強いものでした。「特別支援学校の先生になりたい」という夢を持った彼女は現在、その夢をかなえて特別支援学校で働いています。あすかさんから、教育分野に興味のある高校生のみなさんにメッセージをいただいたので紹介します。

> あすかさん：学校に通う子どもたちは大学生に対して興味津々で色々話しかけたり、遊びに誘ってくれたりします。障害のある子どもと自分がうまく関わることができないんじゃないかと不安に思っている人もいるかもしれませんが、ぜひ学校でのボランティアに参加してみてください。きっとすてきな子どもとの出会いや学びが待っていると思います。

（永瀬　開）

15 教育分野（養護教諭）のボランティア活動

1）養護教諭をめざす看護学科の学生による学校ボランティア活動の意義

（1）学生にとっての意義

　養護教諭を目指している看護学科の学生が、ボランティア活動を行う意義は、学校での教育活動や児童生徒の理解を深めることにあります。教育系学部で養護教諭を目指す場合とは異なり、看護系学部では教育実習が4年生になって初めて行われます。それまでの実習は主に病院で行われ、学校現場の実習がありません。そのため、学生が児童生徒と接する機会がほとんどなく、学校での教育や児童生徒について十分に理解しないまま養護教諭を目指すことになります。さらに、養護教諭に求められる適性を自分で把握し、自らの課題を見つける機会も限られています。このような背景から、このボランティア活動を通じて、学生には学校における教育活動や児童生徒の理解を深める経験を積んでほしいと考えています。

（2）学校側にとっての意義

　一方、ボランティア活動を受け入れる学校側にも意義があります。それは、児童生徒の豊かな学びや育ちを支える取り組みの一つになる点です。小学校や高等学校で普段接することのない大学生と関わることで、児童生徒は多様な価値観に触れる機会を得られます。この経験を通じて、自分とは異なる価値観を持つ人を認める姿勢を育むことができます。また、この活動は山口県が推進している「コミュニティ・スクール」の理念とも一致しています。

　以上のように、養護教諭を目指す学生が行うボランティア活動は、学生と学校の双方にとって意義深い取り組みです。

2）ボランティア活動の実際

（1）小学校における取り組み

　このボランティア活動は大学の近くの小学校の養護教諭と連携をして行っています。新型コロナウイルス感染症の状況が落ちついた2023年頃からはじまりました。主な活動は、定期健康診断における身長測定・視力検査・児童誘導、就学時健康診断における身体測定補助・内科検診補助、持久走大会における救護補助です。これらの活動は、教育実習でも体験できない内容も含まれており、学校現場や児童への理解を深めるだけでなく、それを超えた学びを得ることもできています。さらに、この小学校は大学から自転車で数分の距離にあるため、授業の空き時間を活用して活動に参加しやすい点も魅力です。看護学科の学生は忙しい中でも無理なく参加できるようになっています。

　この活動を通じて、学校現場に興味を持ち、実際に養護教諭を目指す学生も少なくありません。また、教員採用試験でこの経験を語り、合格した学生もいます。こうした活動は、学生が学

校での教育活動や児童の理解を深めるだけでなく、養護教諭としての適性を見極める貴重な機会になっています。

（2）高等学校における取り組み

　定時制と通信制課程を併設している高等学校で養護教諭と連携して2022年からボランティア活動を行っています。この高校は夜間部があり、授業が21時まで続くため、学生たちは、大学の授業終了後に活動できます。主な活動は、図書室やコモンホールでの生徒との対話、夕休みの夜間部生徒へのパン配付の手伝い、保健指導掲示物の作成などです。2023年には、生活習慣振り返りアンケートや保健室来室者の主訴データをもとに、「睡眠」をテーマとした掲示物を作成しました。この掲示物は、生徒や保護者にとって興味を引く内容となり、学校内でも評価されました。

　この活動を通じて、学生たちは高校生との対話からコミュニケーションの重要性を実感し、その方法について深く考える機会を得ています。また、養護教諭のサポートを受けながら、実践的なスキルを身につける場ともなっています。

3）高校生のみなさんへ

　今回ご紹介したのは、養護教諭を目指す看護学科の学生によるボランティア活動についてでした。高校生のうちに養護教諭としての活動を体験するのは難しいかもしれませんが、方法がないわけではありません。たとえば、各地の教育委員会が支援している「高校生ボランティアバンク」などに登録すると、学校現場でのボランティア活動を見つけることができます（山口県であれば「高校生ボランティアバンク」（山口県Webサイト　https://www.pref.yamaguchi.lg.jp/soshiki/180/26558.html）（2025.1.15アクセス）があります）。

　高校時代に社会や学校現場での体験を通じて、自分の本当にやりたいことや目標が見えてくることもあります。大切なのは、一歩踏み出して行動してみることです。ぜひ、興味がある活動を見つけてチャレンジしてみてください！

（丹　佳子）

16 環境分野のボランティア活動

　環境分野のボランティア活動には、地域の清掃活動から国際的な環境活動支援まで様々な種類のボランティアがあります。自分の興味、知識やスキルに合わせて活動内容を選択することができます。主催団体も行政機関、NPO・NGO等の任意団体、企業や学校など様々な主体がボランティア活動に関わっています。あなたのイメージする環境分野のボランティアはどんなものでしょうか？環境分野のボランティアにどんな種類があるか活動分野別に見ていきましょう。

1）廃棄物・リサイクル関連

　自分の住む地域の清掃活動はもっとも身近で、参加しやすい活動でしょう。まずは自分の足下から活動に参加してみるのもいいと思います。近くに海岸や河川があるところでは、海岸に漂着した廃棄物や地域の河川の清掃活動が様々な地域で行われています。韓国や中国との共同開催をしているところもあり、ボランティアをしながら国際交流もできますよ。

　リサイクルに関連したものでは、使わなくなった衣類や牛乳パック、ペットボトルなどを利用したリサイクル品を作る活動などが、主婦を中心に全国で行われています。

　不法投棄をなくすための監視員制度がある自治体もあります。不法投棄の監視活動や投棄された廃棄物を撤去する活動などがあります。

　全国の県民や市民活動支援センター、山口県内についてはやまぐち社会貢献活動支援ネット「あいかさねっと」（https://www.kenmin.pref.yamaguchi.lg.jp/boranet201909/）等で情報を得ることができます。

2）食・農業関連

　世界には十分な食糧が得られないために多くの方が飢えに苦しんでいる国があります。このような食糧不足にある国の支援をしているNPO・NGOの活動に参加することもできます。

　日本では食糧自給率がカロリーベースで約38％と低い（農林水産省，https://www.maff.go.jp/j/zyukyu/zikyu_ritu/012.html）ことが問題となっています。その一因としてあげられているのが、全国各地の農村地域での高齢化による人手不足です。この様な地域では、農業に関する知識がなくても、耕作放棄地などを活用して農作業体験ボランティアなどが実施されている場合があります。ボランティアをしながら農業に関する様々な知識やスキルを身につけることが

できます。

3）生態系保全関連

　里地里山の残っている地域では、高齢化や人手不足、所有者不在などの理由で里山の管理ができなくなり、放置され、荒廃が進んでいます。この里山の問題解決を支援するために、間伐、植林などのボランティア活動が行われています。

　全国の希少生物のいる地域や自然保護地域などでは、外来種の侵入防止や駆除のボランティアが実施されています。動植物や自然とふれあうのが好きな方にはとても魅力的な活動ですが、活動をする際には危険が伴うことがありますので、専門家の指導の下で行うようにしましょう。

4）地球温暖化対策関連

　地球温暖化対策のために、二酸化炭素を始めとする温室効果ガスの排出を減らす必要があります。また、既に進行している気候変動による様々な異常気象や気象災害への対策も急務となっています。二酸化炭素の排出は私達の使うエネルギーと深く関連しており、省エネルギーや化石燃料の消費を抑制することで地球温暖化対策に貢献できます。再生可能エネルギーの導入や活用について紹介したり、脱炭素につながる新しい豊かな暮らしを創る国民運動「デコ活」の啓発イベント等が実施されたりしています。このようなイベントや講座などの出展やスタッフとしてのボランティアも環境問題の学びを得ながらボランティアができるメリットがあります。

5）環境教育・調査関連

　世界では持続可能な社会を担う次世代の教育が推進されています。全国各地で様々な講座や自然体験などが開設されています。特に子ども向けの自然体験型の講座や工作教室などは楽しみながらできます。また講演会などの運営ボランティアも勉強しながら活動に参加できます。

　環境に関わる様々な情報の調査は研究者のみならず、多くの行政機関やNPO・NGOが実施しています。このような調査を実施する際に調査の補助としてボランティアを募ることがあります。例えば、特定の地域の生物や物理的な環境などを調査する活動などがあります。その他、環境に関わる情報を収集、整理して、世界に情報を発信するというような活動もあります。

　このように環境分野の活動範囲はかなり広く、個人的にできる活動から専門的な知識を必要とする活動まで多岐にわたっています。自分の特技や知識レベル、興味のあることなどから活動に参加してみましょう。

（今村　主税）

17　環境福祉分野のボランティア活動

　特定のボランティア活動が複数の社会課題に関わっていることは少なくありません。特にSDGsという視点で見たときには、17のゴールのうちの1つが主な目的であったとしてもその社会課題は、複数の他のゴールと関連があり、特定の1つの課題を解決しようとすると他の課題の状況も同時に解決できる場合や、逆に他の目標の課題が悪化する場合もあります。ここでは、食品ロス（まだ食べられるのに廃棄される食品のこと）の削減という「環境」と格差の解消という「福祉」に関わりの深いフードバンクの活動について見ていきましょう。

1）フードバンクの概要

　フードバンク活動は1960年代に米国で始まり、世界各国に広がっています。日本では2000年に米国から持ち込まれ始まった活動です。「フードバンク」を直訳すると「食料銀行」となります。企業や家庭で不用となった食品がフードバンクに寄贈され、生活困窮者などに無償で配布する活動です。企業では工場での生産プロセスで内容量が規定よりも多すぎたり少なすぎたりがあったり、パッケージの印刷ミス等の規格外品、過剰在庫による期限切れなどの商品、家庭では買い過ぎや贈答品などで食べない食品たちです。これらの食品をまだ賞味期限があるうちにフードバンクに寄付するとフードバンクは、これらの食品を様々な理由で食べものや生活に困っているご家庭に無償で渡して生活や自立を支援します。ここでは山口県で活動するNPO法人フードバンク山口（https://fbyamaguchi.org/）の事例を中心にご紹介します。

2）フードバンクのボランティア活動

　フードバンクのボランティア活動は、大きく「食品ロスの削減」「食品の管理」「食品の支援」に分けられます。まず食品ロスの削減ですが、農林水産省の発表によると日本国内では年間472万トンの食品ロスが発生しています。そのうち半分は企業から、もう半分は家庭から排出されており、企業と家庭のどちらも削減することが求められています。家庭の食品ロスを削減するには、フードバンクへの食品の寄付を増やす必要があります。そのためには寄付をしやすくする仕組みが必要です。そこで「フードドライブ」と呼ばれる食品の寄付を募る活動が学校のPTA活動やスポーツイベント等で開催されています。また、イベント時だけでは食品の寄贈がしにくいので、近年は公共施設や食品スーパーの店頭などに「フードバンクポスト」や「フードボックス」と呼ばれる寄贈食品を入れられる容器を設置し、いつでも食品の寄付ができる常設型フードドライブも広がってきています。このような活動での食品の受付や回収もボランティアの方に

よって運営されていることが多くあります。

次に食品の管理ですが、寄贈された食品は、一度開封されていないか、包装に破れなどはないか等をボランティアの目によってチェックされます。また、寄贈された食品はどこで寄贈されて、保管、使用されたのかが追跡できるようトレーサビリティを確保するために、食品名や賞味期限、個数や重量などの情報を全て記録を取ります。この作業は大変煩雑で、一見無駄に思えるようですが、食品という人の口に入るものを扱っているフードバンクにとっては大変重要な作業になっており、ここでも多くのボランティアが携わってくださっています。

最後に食品の支援です。フードバンク団体によって支援の方法は様々ですが、フードバンク山口では、支援対象と繋がっている行政や福祉専門職の方々、民生委員や児童委員、スクールソーシャルワーカー、地域包括支援センターなどを通して食品をお渡ししています。また日本全国に広がっているこども食堂等にも支援しています。

夏休みや冬休みの長期の休みの前には、様々な事情で休み中にお昼が食べられない子ども達のいる家庭を対象に、宅配便で食品をご家庭に直接送付する「こども宅食便」を実施しているところもあります。フードバンク山口では毎回、300～500家庭にダンボール箱に食品を詰めてお送りしています。この活動で食品をダンボールに梱包する作業は、20～30名ほどのボランティアの方が、流れ作業で食品を詰めていきます。年に2～3回の活動ですので、タイミングが合えば是非参加してもらいたい活動の1つです。

3) 高校生ができること、高校生に期待されていること

フードバンク活動は、身近な食品ロスの問題や子どもの貧困の問題とも繋がっており、高校生や大学生にも共感を得やすい活動です。まずはこのような社会問題への理解をしていただくことが最も大切なことですが、さらに食品を扱うことは食品衛生の知識がなくてはできません。その上で、高校生の皆さんにできることは、皆さんの家にある不用な食品の寄贈が最も簡単なボランティアです。さらに近くにフードバンクの拠点があるようでしたら、上記の食品の回収や食品の管理のボランティアに参加してみてください。また、学校の文化祭などで自らフードドライブを実施してみることも良いと思います。

食品の支援をするところでは、直接的に関わることは難しいですが、食品を仲介してくれている福祉専門職の方等に話を聞く機会があれば、ぜひ支援の実際について聞いていただきたいと思います。どのような方に食品が渡っているのかやどのように活用されているのかを現場の人にきいていただけると、この活動の重要性が理解していただけるのではないかと思います。

(今村　主税)

18 災害支援分野のボランティア活動

1）災害ボランティアの始まり

　困った時には、お互い様という気持ちは誰でもあると思います。情報化の進んだ今日では、災害による困窮した状況は、瞬時に世界中に発信されます。古くは、1891年（明治24年）の濃尾地震や1923年（大正12年）関東大震災の際にも助け合いの活動が行われています。

　1995年（平成7年）の阪神・淡路大震災の時に、被災地の様子を報道などで見て、「何ができるかわからないけど、何かしたい」と全国から延べ約140万人の方が駆けつけ、被災地でボランティア活動が行われました。この年は「ボランティア元年」と呼ばれるようになり、全国で、多くの人々が災害時にボランティアとして活動するようになりました。

2）山口県立大学社会福祉学部における災害ボランティア活動の取り組み

　2011年3月11日に東日本大震災が発生しました。東北から遠く離れた山口にある本学部でも、地震、津波の被害を受けた人々、地域社会のことを思い浮かべながら支援する学生たちの活動は、今日も続いています。当初は、募金活動、支援物資やメッセージの送付を行っていました。被災地を訪れ、ボランティア活動を行った学生も20名を超え、休暇期間を利用して、1か月間ボランティア活動を行った学生もいます。

　津波が襲ってくる状況や避難所の報道を日々見て、当初から自分にもできることはないかと強く思った学生もいますが、「はじめは被災地について関心をもたなかった。」「自分には関係のないことと思っていたが、ある時インターネットで公開されている映像を見たとき、自分にもできることはないかと考えるようになった。」と2011年の夏以降、活動に参加した学生もいます。

　そうした思いをもとに、本学部では多くの学生が被災地の支援を考えてきました。2011年の初夏には、輪ゴムで髪を束ねている女性の姿をTVで目にした学生が、シュシュ（髪飾り）を作って送ろうという提案をしました。また、夏を控えて、ウチワを送ろうとの提案もありました。「それらは本当に被災地で歓迎されるものなのか？」と検討を加え、山口県立大学と交流のある岩手県立大学ボランティアセンターに問い合わせて、被災地に送ることになりました。ウチワは、当時孤立化を防ぐために仮設住宅に登場しはじめた「お茶っこサロン」への参加を呼びかけるという岩手県立大学の提案を受け、一面に山口からのメッセージを書き、片方の面には岩手県立大学からのメッセージを書き込めるように工夫されました。被災者に寄り添い、援助者の独りよがりにならない支援につなげることができていたのではないかと思っています。他者を思い遣るという行為そのものは、社会福祉の支援において重要な視点といえます。

3）ボランティア活動が大学生に与えてくれるもの

　東日本大震災に関するボランティア活動だけでなく、学生のもろもろの活動もこうした考察の中から生まれていると感じています。

　多くの学生にとって、これまでは、レールの敷かれた道を歩んできたのかもしれません。たまに訪れる分岐点ではいくつかの進路の中から1つを選んできたのかもしれません。これからは、自ら道を切り開いて歩んでいくことが必要となるのでしょう。そのためには、つまずき、悩み、たじろぐことも無駄ではないでしょう。大学生であることとは、自ら考え、行動することを自覚することではないかと思います。

4）災害ボランティアの心得～大学生や高校生へ～

　被災地や被災地のTV映像を見て、何かをしたいという気持ちは素敵だと思います。そうした、他者を思い遣る気持ちは、私たちが生きていくうえで大切な気持ちだと思います。一方で、被災者の気持ちにどれだけ寄り添えるか心配もあるということです。

　災害ボランティアのマナーとして一番大切なのは、このような気持ちといえるでしょう。相手の気持ちを踏まえて、現地に赴く場合も、宿所、食事を含めて自分の生活は自分でできるようにしておくことも大切です。また、被災地には、いろいろな2次災害の危険性もあるので、災害情報や災害ボランティアセンターの情報を収集して行動することも大事です。ボランティアの指導の先生や地元の市町村社会福祉協議会の方から助言をもらう方法もあるでしょう。

　災害ボランティア活動は、力仕事だけでなく、ボランティアセンターの受付、物資、インターネットの管理など、日々必要とされるボランティア活動は多岐にわたります。

　「今私たちにできることは何だろう」と、遠く離れて支援できることもたくさんあります。

　いずれにしても、被災している地域や人びとのことを思い遣り、そうした活動は私たちにとってかけがえのない成長を与えてくれるでしょう。

（草平　武志）

19 看護分野のボランティア活動

1）看護職によるさまざまな形での活動

　高齢化の進展、医療資源の偏在、災害リスクの増加、医療従事者の不足など社会的・医療的な課題が多様化している現代において、人々の健康改善のために看護の専門知識やスキルを活かした看護職による支援が求められており、その需要が高まっています。看護分野でのボランティア活動は、医療を受ける側だけでなく、看護職自身にとっても専門性の向上や新たな学びを得る機会となり、社会全体の健康と福祉の向上につながります。その活動は、政府組織が行うもの、NGO、NPOが行う活動など国内外でさまざまな形態で展開されています。

　国内の看護分野のボランティア活動には、地震や台風などの自然災害が発生した際に避難所での健康管理や心のケアを提供する災害支援活動や、地域での健康相談会や健康チェックイベントなどの地域健康活動、高齢者施設やデイサービスでの活動、子どもたちの健康教育や遊びのサポートなどの活動があります。海外でのボランティア活動には、医療資源の乏しい開発途上国での医療支援、紛争や自然災害で医療が不足している地域での医療支援、難民支援などがあります。

2）JICA海外協力隊

　青年海外協力隊は日本政府のODAとしてJICAが実施するボランティア事業です。活動分野はコンピュータ技術、野菜栽培、青少年活動、小学校教育、看護師、助産師、保健師、感染症・エイズ対策、障害児・者支援など多岐にわたります。現地に溶け込んだ隊員の活動は、1965年から始まり、日本の「顔の見える開発協力」として、海外からも高い評価を得ています。2016年には、これまでのアジア地域の経済と社会の発展への貢献が認められ、「アジアのノーベル賞」とも呼ばれるフィリピンの「ラモン・マグサイサイ賞」を受賞しました。現在は、総称をJICA海外協力隊とし、青年海外協力隊及び日系社会青年海外協力隊、一定以上の経験・技能が必要な案件に派遣されるシニア海外協力隊及び日系社会シニア海外協力隊で構成されています[1]。

　私はかつて青年海外協力隊の助産師隊員としてラオス人民民主共和国に派遣された経験があります。地域母子保健改善プロジェクトの隊員の一人としてある郡病院に派遣されました。当時のラオスは、妊産婦や子どもの死亡率は高く、女性は妊娠しても健診を受ける人の割合も、病院で出産する人の割合も少ない状況でした。そのため、先に活動していた先輩隊員は病院だけで活動するのではなく、地域の医療関係者や村落のボランティアを巻き込んで、母子保健の状況を少しでも改善したいという熱い情熱をもってプロジェクトを立ち上げたのです。プロジェクト期間は5年間ですが、隊員の任期は2年ですので2代目、3代目と活動が引き継がれました。それぞれの隊員は配属先の各郡病院で妊婦健診などの活動しながら、定期的に村落巡回を行い、健康診断、健康教育、予防接種、ヘルスセンターや保健ボランティアの教育などの活動を展開しました。現地での活動は、現地のスタッフの協力がないと成り立ちません。郡病院のスタッフと一緒

に地域の母子保健の問題点や解決策を考えながら、活動計画を立案、活動を実施しました。プロジェクト期間を通じて、少しずつ妊婦健診の受診率や医療施設での出産率が増加しました。村落での健康診断や健康教育などを通して、郡病院での妊婦健診サービス利用者の増加に貢献したと考えられました。私たち隊員は、草の根レベルで活動をしますので現地の人の目線に立ち、現地のスタッフやボランティアの方々と一緒に考え、悩みながら日々活動することで、主体性、課題を発見する力、意見の違いや立場の違いを理解する力、異文化理解力などが身に着いたと感じています。また、私たち隊員の活動期間は限られた期間です。その期間に一時的に状況が改善するだけでは何の意味もなしません。現地の人たちが中心となって持続可能な活動を継続することの重要性を学びました。現地の人に支えていただいた2年間の青年海外協力隊での活動経験は、人生観が変わるかけがえのない体験となりました。

3）未来を担う若いみなさんへ

　高校生であっても、看護師を目指している方が関心を持ち、実践できるボランティア活動はたくさんあります。直接的な医療行為はできませんが、看護の心に触れる機会を持つことで、将来のキャリアにつながる貴重な経験が得られます。また、看護師に求められる「思いやり」や「寄り添う心」を実際の人との関わりの中で体験できます。高齢者施設やデイサービスでお年寄りのお話を聞いたり、障害者支援施設で障害がある方の日常生活の簡単なサポートやレクリエーションの補助を行ったり、学校外で子どもたちの勉強のサポートなどができると思います。病院で看護体験をするのもよいでしょう。看護体験では、医療現場の厳しさや忙しさも目の当たりにします。それを見たうえで、「それでも看護師になりたい」と思えるなら、進路への確信が持てるはずです。看護分野のボランティアは、自分の視野が広がる機会を与えてくれる素晴らしいチャンスです。あなたの優しさや行動が、どこかで困っている誰かを笑顔にすることができます。誰かを助けるということは、同時に自分を成長させるということです。

［引用］
1）外務省ホームページJICAボランティア事業（JICA海外協力隊）
　　https://www.mofa.go.jp/mofaj/gaiko/oda/shimin/seinen.html（2025.1.15アクセス）

（田中　和子）

20　医療福祉分野のボランティア活動

1）医療機関におけるボランティア活動

　医療機関の中で行うボランティア活動は大きく分けると、入院中の患者さんに対して行うボランティア活動、通院の患者さん（外来の患者さんといいます）に対して行うボランティア活動、医療機関の環境整備に関するボランティア活動の3つがあります。

　主に中学生以下の子どもたちが入院している小児病棟でのボランティア活動としては、子どもたちへの絵本の読み聞かせや遊び相手、学習支援などがあります。怖い検査や痛い治療に耐えている子どもたちにとって、ボランティアとして病棟で遊んでくれたり勉強を教えてくれたりするお兄さん、お姉さんたちは楽しい時間を作ってくれる素敵な存在です。入院期間中も他者との交流を通して社会性を身につけることは、その子の成長にも欠かせません。

　大人が入院している病棟でのボランティア活動には、高齢者の見守り活動などがあります。お話をしたり一緒に塗り絵をしたりして、メリハリのある時間を過ごしてもらえるようにサポートすることは、入院中の認知症の進行を抑制する効果も期待できます。

　外来の患者さんに対するボランティア活動は多岐にわたります。まず、医療機関を訪れた患者さんを受付まで案内したり、受診の手続きをサポートするというものがあります。特に、規模が大きい医療機関では、機械を使って受診の手続きを行うことが多いため、その操作をそばで見守りながら、時にはサポートして、受診の手続きをお手伝いします。また、初めてその病院を訪れた患者さん（初診の患者さんといいます）は、「診療申込書」や「問診票」など、記入しないといけない書類があるため、その記入の補助をすることもあります。さらに、医療機関の中には、いろいろな診療科（内科、外科、小児科など）があるほか、検査室もあります。検査は血液検査や検尿のほかにも、レントゲンやMRI、CTなど様々なものがあり、それぞれに検査をする部屋があります。検査を受ける患者さんが医療機関の中で迷ってしまわないように、声を掛けたり案内したりすることもあります。

　医療機関にはお花が植えられているところも多く、お水をあげたり、草むしりをしたり、患者さんができるだけ明るい気持ちで来院できるように植物のお手入れをするボランティア活動もあります。また、車いすの片づけなど、受診環境を整備するボランティア活動もあります。

2）献血などのボランティア活動

　献血とは病気や怪我、手術などで輸血を必要としている患者さんの命を救うために、健康な方が無償で血液を提供することです。輸血に必要な血液は人工的に作ることはできず、長期間の保存をすることもできません。そのため、患者さんたちへの輸血を安定的に行うためには、多くの方に献血に協力してもらう必要があります。献血は、最寄りの「献血ルーム」でできるほか、大学やショッピングセンター、行政機関などに来る「献血バス」ですることができます。また、持

病があるなどの理由で献血をすることができない人も、献血会場で献血の呼びかけや、献血者の案内などのボランティア活動をすることができます。

　他にも、骨髄バンクのドナー登録というものもあります。骨髄バンクとは、白血病など血液の病気の患者さんが「骨髄移植」という治療を受けるために、患者さんとドナーさんをつなぐ公的事業です。血液を作るもととなる細胞（造血幹細胞といいます）を移植することで、患者さんは体の中で健康な血液を作ることができるようになります。しかし、この造血幹細胞には型があり、患者さんとドナーさんの型が適合していないとうまくいきません。型が一致するのは血のつながりがない場合、数百から数万分の1となるため、多くのドナー登録が必要です。ドナーになる場合、数日間の入院が必要になりますが、経済的な負担はなく、自治体や職場から手当てが支給される場合もあります。

3）その他のボランティア活動

　これまで述べてきたボランティア活動以外に、ヘアードネーションというものがあります。ヘアードネーションは長く伸ばした髪の毛を寄付することです。寄付した髪の毛は、抗がん剤などの治療の影響で髪の毛が抜けた患者さんのために、ウィッグとして生まれ変わります。ウィッグを使うことで気持ちが明るくなる患者さんも多いのです。髪の毛は染めていたり、白髪があったりしても寄付できます。すべての美容室で寄付用のカットや寄付ができるわけではありませんので、行きつけの美容室に相談したり、最寄りの賛同美容室を探してみましょう。

　他にも、小児病棟へクリスマスプレゼントを提供したり、発展途上国の子どもたちのためのワクチンを届けるための募金に協力するといったボランティアもあります。まずは自分にできることは何か考えてみましょう。

4）医療福祉分野でボランティアをするにあたり気をつけたいこと

　医療福祉分野のボランティア活動では、自身の健康管理がとても重要になります。患者さんたちは免疫力が低下していることも多いため、風邪やインフルエンザなどをうつさないように細心の注意を払うことが必要不可欠です。また患者さんにとって病気や怪我は、その人のほんの一側面に過ぎません。ひとくくりに「病気の人」と捉えず、患者さんのいろいろな側面にも目を向けてみましょう。

[参考ホームページ]

日本赤十字社「初めて献血される方へ」(https://www.jrc.or.jp/donation/first/ （2024.12.25アクセス).

日本赤十字社「献血のボランティアに参加したい」(https://www.jrc.or.jp/donation/join/ （2024.12.25アクセス)).

日本骨髄バンク「骨髄バンクとは」(https://www.jmdp.or.jp/about/marrow/ （2024.12.25アクセス)).

（菱ヶ江　惠子）

第3章
大学とボランティア活動
~授業を通して学ぶ大学生の姿から~

山口県立大学「ボランティア」の授業の実際を紹介します。

大学の授業のボランティアってどんなことをするのかな？

山口県立大学「ボランティア」の授業をのぞいてみよう。

1 大学とボランティア

　近年、ボランティアの社会的役割やボランティア学習における教育的意義が注目され、大学におけるボランティア活動支援の重要性が提唱されるようになっています。わが国においては、平成14年7月29日中央教育審議会にて「青少年の奉仕活動・体験活動の推進方策等について」の答申が出されたことを機に、学生ボランティアに対する奨励・支援に関する様々な対策が講じられてきました。具体的には、①ボランティア・サービスラーニング・NPに関する科目の設置②インターンシップを含め学生の自主的なボランティア活動の単位認定③大学ボランティアセンターを設置など学内制度の充実④セメスター制度やボランティア休学制度の導入等による活動を行いやすい環境の整備⑤学内におけるボランティア活動の機会の提供等が挙げられます。

　大学の地域貢献という観点からは、授業の一環として、ボランティア活動を行うことで、大学生が、自主的・主体的に地域社会に貢献する心を涵養することの意義もあります。大学は、地域の支援機関との連携をしながら、地域のニーズも把握しながら、ボランティアコーディネートを行う役割も持っているのです。

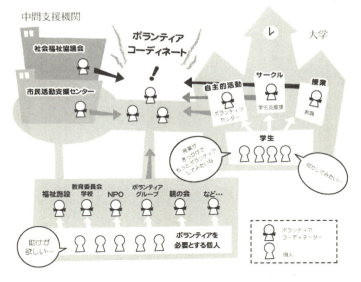

　大学のボランティア教育に携わっている私が感じていることは、専門教育を受け始めた大学生が地域の中でボランティア体験することがとても意味があるということです。特に、福祉・医療・保育・教育等、人の支援に直接かかわる仕事を目指す大学生にとって、地域の中で生きる多様な人々との出会いや、地域の中で活躍している専門家やボランティアとの出会いは貴重です。第1章で学んだように、ボランティア活動は人や社会にかかわる活動であり、その中に自分の身を置くことで、出会った人との具体的なかかわりから自己をみつめたり、社会をみつめたりすることができます。その具体的な経験は、視野を拡げることを可能にします。専門分野のボランティア活動の経験は、将来の自己像を描くきっかけにもなるでしょう。このようなボランティア

活動の教育的効果を期待し、専門職養成の大学においては、ボランティア体験を義務づけた教育プログラムの開発も行われるようになりました。山口県立大学においては、学生が入学してから卒業までの間、ボランティア等の地域活動の経験ができるような授業科目を開設しています。また、授業だけでなく、大学生活において日常的・継続的にボランティア活動の情報を得ることができるよう学生活動支援センターがあり、全学生へ地域からのボランティア活動の情報発信を行い、学生を対象としたボランティア活動支援を行っています。また、大学教員が、専門分野における教育プログラムを準備し、学生が、専門分野の体験活動ができるような教育環境を準備できるよう工夫しています。

この章では、山口県立大学の基礎教養科目「ボランティア」の授業の風景や学んだ学生たちの声を紹介し、大学の授業で学ぶ「ボランティア」について知ってもらいたいと思います。

2 山口県立大学の授業風景から

山口県立大学においては、平成15年度に基礎・教養科目「ボランティア」が正規科目として設置され、令和6年度まで、地域の福祉施設やNPO・ボランティア団体に協力いただき、授業を行ってきました。授業の様子を紹介していきましょう。

1）授業の概要

＜学習目標＞
「ボランティア学習をとおして、地域に貢献する心を育み、身近な生活課題や地域社会問題の理解と社会参加を目指す」を達成目標としています。
＜流れ＞
事前学習（3コマ分、3時間半）→夏休みのボランティア体験（約21時間）→事後学習（6コマ分、7時間）という流れになっています。
＜受講生＞
1年生が9割です。毎年、40名程度の学生が参加し、社会福祉学部の学生9割を占めます。選択してくれた学生たちの受講動機は「これまでボランティアには興味があったけどいく機会がなかった」「ボランティアを通して専門分野で学ぶことについて考えたい」等です。

2）授業の内容

①事前学習はどんなことをするの？
事前学習では、ボランティア活動を行っている先輩の体験談を聞き、どんな活動をするか把握

します。講義では、ボランティア活動の基礎的理解として、ボランティアの理念・性質やボランティア活動を通して学ぶ視点を理解します。学ぶ視点は、ボランティア学習の3つの理解として「他者理解」「自己理解」「社会理解」を説明し、ボランティア体験を通して学ぶための視点について理解を深めます。

②体験学習～ボランティア活動の実施～

　体験学習は21時間程度行うことになっています。体験学習の一部を紹介します。
　ボランティアの授業で体験する場となっている施設や団体は、普段からボランティアの受け入れをしてくださっている場で、たくさんの学生たちがお世話になっています。

子育て支援施設で

商店街にある子育て支援施設Aは、乳幼児連れの母親が多く集う場。学生ボランティアは、子どもと一緒に遊んだり、母親と話をしたりします。

障害児支援施設で

施設で開催される夏祭りの運営や、デイサービスを利用する障害のある子どもの遊びや生活支援の経験をします。

精神障害者施設～作業所で～

施設を利用される精神障害のある方と一緒に作業をします。施設の職員やご家族の方からお話を聴く機会もあります。

放課後児童クラブで

小学生が放課後利用する児童クラブで、宿題をみたり、一緒に遊んだりします。

高齢者施設で

デイサービスを利用される高齢者の方と一緒に、囲碁や将棋をしたり、お話をしたりします。

自閉症の子どものキャンプで

自閉症の子どもの余暇支援活動として行われているキャンプの準備段階から参加し担当の子どもの理解を深めた上で、1泊2日のキャンプで担当の子どものサポートを行います。

障害者支援施設で

発達障害児の学習活動や余暇支援活動に参加し、子どもの遊びや学習のサポートをします。

③事後学習ではどんなことをするの？

　事後学習では、体験活動をもとに、3段階のステップで学習し、体験したことを深めていきます。ボランティア学習には、リフレクション（Reflection）という活動が有効だと言われています。これは、「省察」と表現してもいいのですが、簡単にいうと「ふりかえり」という意味です。ボランティアの体験は、個々に異なり、そして、ボランティア体験を通して感じることや考えることも一人ひとり違います。山口県立大学でのふりかえりの方法を紹介します。

＜ふりかえりの方法（1）＞「ボランティア活動の光と影」

　ふりかえりは、「思う」「書く」「語る」等の言語的活動を通して行っていきます。ボランティア体験の「嬉しかったこと」や「楽しかったこと」等の肯定的な体験と「困難だったこと」や「戸惑ったこと」の肯定的ではない体験を、受講生同士で共有します。少人数のグループで共有する作業を通して、気づくことも多くあります。

　第1章で紹介しましたが、この作業を通して、学生達は、自分がボランティア活動を通して成長したことに気が付きます。ボランティアの影（陰）に向き合うことが、ボランティアの光となり、自分に成長を与えてくれます。

ボランティアのふりかえり
　グループワーク「ボランティアの光と影（陰）」
　　① 司会を決めよう（ファシリテーター）
　　② 自分の体験をふりかえり、「肯定的な体験」と「肯定的ではない体験」について
　　　付せんに書いて体験を共有していこう。
　　　司会の人はグループで体験が共有できるように進めていこう。

　　◎ピンクの付せん
　　　　肯定的な体験（喜び、楽しさ、幸福感など）
　　　　一枚に一つずつ書こう
　　　　例：子どもの笑顔に癒された、自分が必要とされていることを実感した　等
　　◎水色の付せん
　　　　肯定的ではない体験（戸惑い、葛藤、苦悩、悲しみなど）
　　　　一枚に一つずつ書こう
　　　　例：何もしてあげられないと落ち込んだ、コミュニケーションが難しかった等

＜ふりかえりの方法（2）＞ボランティア学習の3つの理解を深める

　ボランティア学習の3つの理解として「自己理解（自分との出会い）」「他者理解（他者との出会い）」「社会理解（社会との出会い）」を深めていきます。

3つの理解	内　　容
＜自己理解＞ 自分との出会い	ボランティア活動で出会った人とのかかわりや体験を通してどんな自分と出会いましたか。新たな自分との出会いはありましたか。
＜他者理解＞ 他者との出会い	ボランティア活動で出会った人とのかかわりを通してその人の理解がどのように深まりましたか。
＜社会理解＞ 社会との出会い	ボランティア活動で出会った人を取り巻く環境に目を向け、理解を深めてみましょう。 さらに、出会った人とのかかわりや様々な体験を通してあなたがみつめた社会について理解を深めましょう。

＜学生の感想＞
「ボランティアの3つの理解」の学習から学んだこと

　「3つの理解」について意見を出し合うことで、ボランティアは一方的にしてあげるものではなく、相互性があるのだということを知った。出会うことのなかった人との出会い。その人（他者）の理解は自己理解に繋がっている。他者との関係から自分が見えたように思う。そして、そこから社会をみつめてみた。社会福祉を学ぶ立場からみつめると理解が深まったと思う。

3 授業を通して学んだ大学生の声から

　授業の最後に報告会をします。大学生たちの報告の一部を紹介しましょう。学んだ大学生たちがなぜ授業でボランティアを選択したのか、ボランティア学習を通して何を学んだか等について考えてほしいと思います。

1）高齢者福祉施設のボランティア活動
＜興味から実践＞

　私はいろいろな経験をしてみたいという気持ちからボランティアの授業を選択した。また、ボランティアに行って終わりではなく、事後学習をして、ボランティアに対する学びを深めるというところにも興味をもった。

　そして、夏休みに実際に高齢者のデイサービスを行っている施設にボランティアへ行った。4日間行かせていただいたが、初めて訪問したときは特に指示もなかったため何をしたらいいのか分からず、うまく行動することができなかった。また、利用者の方ともどのような会話をしたらいいのか分からず、積極的に話しかけることができなかった。しかし、日を重ねるごとに周りを見ることができ、積極的に動くことができた。

　ボランティアでいろいろなことを見て体験することで、次のようなことを感じた。

　まず、複数の利用者がいる施設でも、生け花ができるようにしてあったり、カラオケの準備がされていたり、畑を見に行ったりなど、しっかりとひとりひとりのことが考えられていたことに驚いた。

　2つ目は、レクリエーションなどで行うゲームが楽しさだけでなく、手や足の運動、頭の体操にもなっているということである。また、利用者さん同士でゲームのルールなどを教え合っていてそのようなところでコミュニケーションがとれているなと感じた。

　3つ目は、施設の方から言われたことなのだが、ボランティアは相手のためにするだけでなく、自分のためにやるつもりでも良いということである。ボランティアときくと相手に何かしてあげるというイメージを持ってしまいがちだが、ボランティアをすることで学べることもたくさんあり自分自身が成長でき、またボランティアを楽しむという気持ちを持つことも大切だと感じるようになった。

　しかし、反対に利用者さんとお話をする際、会話が続かず沈黙になってしまうことが多くあったり、利用者さんの不安な気持ちを取り除いてあげられなかったり、頼まれたことがうまくできなかったりなど自分の経験不足・力不足を感じた。

　ボランティア体験後の事後学習では、みんなで意見を共有し合うことで自分が気づけなかったこと、感じなかったことを知ることができた。さらに、自分とは違うボランティア先の人の話も聞けていろいろな視点からボランティアとは何なのかを考えることができた。

そして、3つの理解について、他者理解では利用者の方は様々な理由から施設を利用しているため、そのようなことをしっかりと把握して会話をしなければならないと思った。

自己理解では自分のコミュニケーション力の低さを感じた。より良いコミュニケーションをとれるよう、もっとたくさんの経験を積んでいきたいと思った。

社会理解ではデイサービスの必要性について考えさせられた。このような施設があることで高齢者の方の孤立感を解消し、活動範囲を広げることができ、また、家族の負担を減らすこともできると思った。しかし、本当は自宅にいたい高齢者の方が嫌々施設を利用している場合もあり、問題点もあるなと感じた。

最後に私にとってボランティアとは、出来ない自分を発見すると共に、新たな自分を発見できる場だと思う。出来ないことは出来るようにするため努力し、自分ができることを新たに見つけたら自信をもって継続するともっと成長できるのではないかと思った。

今回ボランティアに行って事後学習をすることで、3つの理解、ボランティアの光と影などを学び、今まで見たことのない視点からボランティアについて考えることができ、もっと深くボランティアとは何なのか知りたいと感じた。

2）子育て支援施設のボランティア活動

＜やってみるということ＞

社会福祉学部の校舎にボランティアの募集の掲示があったりすることは知っており、気になってはいたものの、学校やアルバイトなどで忙しい時間が続くことが多いので、どこかあまり積極的にもなれない自分がいた。「授業を受けることでボランティアに参加できるのだったらやってみよう。」というすごく単純な理由からこの授業を履修した。

自分が今回活動をさせていただいた場所は、育児サロンである。地元の人間なので、高校時代毎日商店街を通学路に使っており、すごく可愛い絵の書いてあるシャッターが印象的で、また、毎日帰る頃には既にしまっているというものすごく気になっていた場所だったので、今回の活動が個人的にすごく楽しみでボランティア活動に参加した。ここは商店街にある子育てサロンである。主に幼稚園、保育園入園前の子どもとそのお母さんが集まる場所であり、同世代の子ども同士、同世代の子を持つお母さんの交流の場となっている。

ボランティア活動は、そこにいらっしゃるお母さんと一緒にお子さんと遊ぶ、またお母さんがほかのお母さん方と話しているときに私たちがお子さんと遊ぶ、というのが主だった。「一緒に遊ぶ」と言葉でいうとものすごく簡単そうな気がするが、何をどうしたらいいのか、少し戸惑い初日は自分の思うように活動できなかった。そこで2日目以降考えたのは、「あまり深く考えないこと」である。初日なぜあまりうまく自分で活動できなかったかを考えたときに「なにかあったらどうしよう」という怖さが自分の活動を狭くしていたんだと考えた。よって2日目からは、まずとにかくいろんな子に話しかけて、楽しく遊ぶ。なにか難しいことがあったらその都度考えたり、役員さんに質問して解決していこう、そう思うことにした。それを行動に移すと、お母さ

んにずっとくっついていた子もだんだん離れて遊びにきてくれることもあったり、自分も楽しくボランティア活動をすることができた。

　ボランティア活動後の事後学習で考えた３つの理解について、自分はこう考えた。

　まず他者理解については小さい子なりの感情表現や、子どもにとっての１歳の差の大きさについて感じた。まだ自分の感情をどう表現したらいいのかわからない歳の子も多くきているこの施設では、なにか気に入らないことがあると噛んだり、叩いたりする子もいた。だからその都度この子は何がしたかったのかな、と考えることがあり、子どもなりの感情表現を理解する大切さを知った。また、一人っ子でもこの施設に来ていたらきちんとおねえちゃんをしていて、子どもにとっての１歳の差の大きさを感じた。

　社会理解については、あるお母さんが、自分の子どもより少し年上の子どもを持つお母さんに相談事をしていたと思えば、そのお母さんが自分の子どもより少し年下の子どもをもつお母さんには答える立場になっていたりと、同じ子育てをするお母さん同士の交流の大切さを理解できた気がした。また、自分は地元の人間なのに、この施設が具体的に何をしてたのかも最初はわからなかった。同様に自分の地元の友達や親戚などもそうだったことが、自分がボランティアに行った体験を話した時にわかったのでもっと地元のいろんな年代の人からの認知度や理解があれば、ということを感じた。

　最後に自己理解については、とにかく自分の至らなさを感じさせられることが多かった。小さい子の行動を理解しようとしたり、楽しく遊ぶためにとにかく行動をしてみたり、ということがほとんど初めてに近い体験だったので、そこに関しては少し自分も成長したのではないかと思う。

　同時に、最初に「とりあえず」とそこもとにかく行動してみようという気持ちでボランティアを始めたのも自分、２日目以降あまり深く考えずに行動していこうとボランティアをする姿勢を決めたのも自分、またそのあとまたボランティアに行きたいから行ってみようと考えるのも自分、すべてが自分次第という面でボランティアの自発性につながるのではないかと感じた。

３）児童分野のボランティア活動

＜私にとってのボランティア＞

　私がこのボランティアの授業を選択したのは、元々ボランティアが好きだからという理由もあるが、２年生になってボランティアを行っていなかったため、これを機にまたはじめるきっかけになればと思い選択した。

　ボランティア先は児童館の放課後児童クラブに決まり、夏季休暇中にボランティアに参加させていただいた。私は５日間行かせていただいたが、私は一人の自閉症の男の子の担当になり、主にその子と関わりを持っていった。

　ボランティアの初日は、久々のボランティアで初めての活動先ということもあり、緊張と、何をすればいいのかという戸惑いもあった。しかし、職員の方にも温かく迎えていただき、子ども

たちも変なあだ名を付けながらも名前を憶えてくれて、活動が始まっていった。初日から、子どもたちは「あれして遊ぼう。これして遊ぼう。」といって遊びに誘ってくれ、自ら話しかけてくれて、子どもたちから関わりをもってくれたことに嬉しく思った。自閉症の男の子も一緒に、他の子どもたちと鬼ごっこ、ドッジボール、長縄とびなどをして遊び、おやつを食べてまた遊び、活動をしていった。5日間は楽しいという気持ちと同じくらい疲れも出ていたが子どもたちに元気をもらえた。

　活動の際、困ったことが多々あった。やってはいけないことをしたときに叱ること、ケンカの仲介役になって話を聞いてあげること、少し発展した遊びを提案することがはじめの頃の私はできなくて、戸惑っていた。職員の方を見ていると、子どもたちと遊ぶ際に、子どもたちを楽しませるために「次はこれをこうしてやってみたら」などと提案していて、子どもたちもそれを取り入れながら楽しく遊んでいる姿を見て、私も実践してみた。すると、それを取り入れ遊んでくれていて、さらに発展した遊びにつながっていたので嬉しく思った。また、やってはいけないことをしたり、ケンカをした時、その時にきちんと注意するということが大切で、これも職員の方を見習いながら徐々に行っていくことができるようになっていったと感じる。このボランティアを通じて、なんといっても子どもたちはパワフルで、ボランティアは肉体的にも精神的にも大変だということを改めて感じた。また、自分への課題を見つけることができ、子どもたちを楽しませるためには自分も同じ目線になる事、そして子どもたちとの関わりには、いけないことをその時々にきちんと注意するということが必要だということを理解することができたと思う。

　ボランティア活動後の事後学習では、「光と影」や他者理解、自己理解、社会理解の3つの要素について他のグループの人と話し合った。その学習で、意見を共有し、自分にはない意見を聞くことができ、新たな価値観が身に付いたと思った。ボランティア活動、ボランティアの事後学習から、他者理解として1人1人に同じように目を向け、その子の言動が何を伝えているのか感じながら接していくことが必要だと感じた。そして何よりその子自身を理解した関わりをするということの必要性を感じた。次に社会理解として、この施設が子どもたちにとって、対人関係をひろげる場所であって、学校ではなく家庭でもない新たな場所での学びができる場所であるということを学んだ。最後に自己理解として自分への課題を見つけることができ、自分は先生だから大人だからという上からの目線ではなくて、同じ目線に立って関わり、子どもたちと同じ気持ちになって接していくことが必要だと感じた。子どもたちのお手本として自分はその場にいて、子どもたちから必要とさせる存在であるということを感じた。

　そして何よりもボランティアを通して、ボランティアの楽しさを再び感じることができ、また子どもたちの笑顔が見たい、笑い声が聞きたい、またボランティアに行きたいという自分に気付く事が出来た。最後に、私にとってボランティアは自分への課題を見つけ、自分の成長につなげるのだけではなく、誰かのことを考え、誰かの力になるための活動であると感じた。

4）障害児分野のボランティア活動

＜自閉症の子どもの余暇支援キャンプに参加して～次につなげるボランティア～＞

　私は10月6日から7日にかけて山口徳地青少年自然の家で専門家のボランティアグループのスタッフの方たちによって企画されたキャンプに参加しました。このキャンプでは3班に分かれて自閉症の子ども1人につき学生がサポーターとしてつき私はそのサポーターでした。私が担当したのは中学1年生の男の子で身長が高く元気がある子でした。

　当日の活動は野外炊飯、秋祭り、班ごとに違うけれど私たちの班は散策、工作などをしました。私は自閉症の人と関わるのはこのボランティアが初めてのようなものだし、障害者の人とも関わったことが全然なくて不安でした。特に最初はどう接したらいいのか、伝えたいことが伝わるのかなどのコミュニケーションの面での不安が大きかったです。しかし、スタッフの方たちに助けてもらいながら担当の子と接していると、担当の子が楽しそうにしているのがわかりホッとしました。慣れてきたのもあるけれど、そこから自分の中でもちゃんとできているという自信がでてきて、不安もなくなってきました。不安にしていたコミュニケーションの面でも私が伝えたいことを伝えることができて自信をさらにもつことができました。

　今回この授業で事後学習をしてその大切さを知ることができました。まず、自己理解では私は障害者に対して苦手意識がありました。だから最初はその意識もあり不安だったのだと思います。今回でその苦手意識が完璧になくなったとは言い切れませんが、実際関わってみるとそこまで苦手ではないかもしれないという変化がありました。また1人でつきっきりになるので責任感を持って臨まないといけないとも思いました。次に他者理解です。ここで一番感じたのはやはりコミュニケーションであり、ちゃんと伝わっていたということです。最初は言うことを聞くのかなと思っていたけれど、実は素直であり子ども1人1人にこだわりがあるのがわかりました。最後は社会理解です。このような団体が身近な地域にあるというのは今回初めて知りました。地域ごとにあるこのような団体は子どもが学校以外で外と関わる場所でもあるし、親同士の情報交換の場所にもなり親子を支えていくための重要性を理解することができました。事後学習において、グループワークしたことで自分の活動を振り返ることができ、他の人の活動、考えを聞いたことでボランティアについて考えを深めることができました。また、ボランティアを実際しないと気付かないことに気付くことができました。今回の授業で学んだことをこれで終わらせるのではなくて、次のボランティア、将来に生かしていくことがこの授業の本当の意味だと思うし、タイトルを「次につなげる」にしました。この授業をとって本当によかったと思います。

＜自閉症の子どもたちの余暇支援キャンプに参加して～輝け！9つの光～＞

　私は、今回のボランティアの授業で、専門家のボランティアグループが主催した、2日間のキャンプに参加させていただいた。このキャンプは、自閉症のある子どもたちの余暇の充実を願い、自閉症のある子どもたちと2日間を共にするキャンプである。キャンプ前には、キャンプのプログラム作成や話し合い、準備に参加し、子どもたちの性格や普段の行動、体調面などもしっ

かりと皆で把握をした。

　実際にキャンプに行って、私が一番感じたのは、継続することの大切さである。私は、このキャンプで、1人の女の子を担当することになった。キャンプ前にも一度関わったことがあったが、自分にどのようなサポートができるだろうかと日が近づくにつれて緊張が増した。しかし、子どもたちが楽しむという目的を忘れずに、私も一緒に楽しもうという思いで参加した。私の担当の子はよく自分から話をしてくれる子で、キャンプの日も、よく話をしてくれた。しかし、体を動かしたりした後で疲れた様子だと、話をしなくなるということがあった。その時、話を好きだからしているとだけ今まで考えていたけど、話をするかしないかで、その子の今の体調や様子が分かるのかもしれない、話をするということは、調子がいい時の合図なのかも、と感じることができた。相手のことを完全に理解することは難しいし、「～かも」という言い方になるが、1回目には気付かなかったことが、2回、3回と関わっていくうちに、ちょっとした素振りや表情で感情がくみ取れたり、新たな面を知り、徐々に理解が深まることがあることを実感した。

　キャンプでは、次の行動へ移る時の声掛けのタイミングや、周りとペースが違うとき、どこまで本人のペースを大事にするかで戸惑ったこともあった。他の子どもたちとの時間を多く設けてあげられなかったのも反省点だ。

　そこで、事後学習により、振り返ることの大切さにも気が付いた。反省点などの影の部分を解決していくためには、もう1度その場に行くことが大切で、そこから、悩みの質も行動も変わってくると、グループワークをしてわかった。

　ボランティアをして、子どもたちの笑顔で元気をもらい、そして同じ自閉症でもそれぞれ違う性格や個性を持っている子どもたちを見て、障害の捉え方が変わった。また、スタッフの皆さんの、子どもたちに向ける温かい目や、少しのことも見逃さない姿勢を見て、このような団体が増えること、地域で子どもたちを温かく支えていくことの大切さを強く感じた。そして、題名を「輝け！9つの光」にしたのは、参加した9人の子どもたちが、それぞれの個性を持っていることが分かり、その個性がこれからますます光っていってほしいと思ったからである。そこに少しでも関われるように、そして、自分のことも磨く気持ちで、これからもボランティアを続けていきたい。

5）発達障害児の余暇支援のボランティア活動

＜「興味」を「未来」へ＞

　私がボランティアに興味を持ったのは大学に入ってからだった。高校以前にどこかへボランティアに行った事は無く、初めてのボランティアも別の授業で行く必要があったからだ。初めは勝手がわからず躊躇していたものの、少しずつ慣れてくると興味がわくのも早いものだった。そうして私はこの授業を選択し、この体験をきっかけとして他の場所にもボランティアに行ってみたいと考えた。

　私はボランティア活動先として計3日間、障害者支援施設の支援者が運営にかかわる発達障害

のある子どもの余暇支援プログラムに参加させていただいた。

　どの子も癖や特徴があり、一緒に活動したり会話をしたりするうちに理解していこうと考えて行動していた。

　初日は、夏祭りのお手伝いをさせていただいた。この日は緊張していたことや持ち場からほとんど離れていなかったこともあり、あまり子どもたちと関わることはできなかったが、夏祭りに参加した子どもたちが楽しそうでその笑顔や表情がとても印象に残った。

　2・3日目は余暇活動プログラムに参加させていただいた。それぞれ内容は、2日目は発達障害のある子どもたちの夏休みの宿題のお手伝いや、近くのレストランへ昼食を食べにいくこと、3日目はたこ焼きを一緒に作ることだった。一対一で子どもと話すことができ、子どもたちが楽しめるように手伝うとともに、私自身も楽しむことができたように思う。職員の方にずいぶんと助けていただきつつも、多くのことを学ぶことができたボランティアだった。

　後期の事後学習では事前にまとめた記録や感想を元に、グループワークで活動によって理解したことを文字に起こすことに努めた。他の活動先に行った人たちからそれぞれの体験や気づきを聞くことで、どの活動先でも共通する意見があったり、発言を聞いてなるほどと思うようなことがあったりと、こうして話し合うことはとても有意義だと感じ、また文字にして初めて気づくことがあるというのは新鮮な気分だった。

　他者理解としては、相手と実際に話したりして関わることによって印象は大きく塗り替えられるということに改めて気づかされた。当たり前のことではあるが第一印象や先入観の与える影響はとても大きい。ボランティアの際にも、相手に勝手な印象を抱いたまま行動しないように気をつけるべきだと考えた。

　また、自己理解としては、対人が苦手だと思っていた自分が年下の相手だと接しやすく感じたことに気づいた。私としては結構驚いたことだ。知らない自分に出会うことでなんだか新鮮な気分になり、これもボランティアの醍醐味なのだろうかとかんがえた。

　そして、社会理解としては、ボランティア先の施設のような障がいに理解のある場があることで障がい児の親御さん方は助かっているのだと考えた。また、親だけでなく、子どもたちも活動を楽しみにしているようで、こうした場所が増えることで障がい児のいる家庭も生活がしやすくなるのだろうと感じた。

　このボランティアの活動と授業を通して、これまで持っていた「興味」が経験と理解によって「未来」に少しずつつながってきた。私にとってボランティアとは、私が知らない様々なことを教えてくれる本のようなものだと考えている。これからも継続してボランティアを続けていき、さらに理解を深め、「未来」が「今」となる日を目指していこうと考えている。

［参考文献］
　藤田　久美「大学における「ボランティア」の教育方法に関する一試論－山口県立大学「ボランティア」の授業実践から－」山口県立大学社会福祉学部紀要第15号、2009年

（藤田　久美、山口県立大学社会福祉学部学生）

第4章
大学生からの メッセージ
～私たちはこんなボランティア活動をしているよ～

大学生は自分たちで活動内容を考えて、様々な場所でボランティアをしているって聞いたよ。大学生の自主的な活動についてもっと知りたいなぁ。

う～ん。大学生は活動の幅も広いみたいだよ。どんな活動をしているのか、教えてもらおう！

1　学生による学生のための大学ボランティアセンターの活動

山口県立大学では、学生自身が、他の学生のためにさまざまにボランティアの機会を提供しているそうだよ。提供しているのはどんな団体で、どんな活動をしているのかな？

1）はじめに

　私たち「山口県立大学社会福祉学部学生ぷちボランティアセンター（通称：ぷちぼら）は、"学生による学生のためのボランティアセンター"をコンセプトに2004年7月に誕生したボランティア活動支援グループです。「ボランティア活動に参加してみたい！でもきっかけがつかめない、どうしていいかわからない…。」というような不安を抱えている学生の、ボランティアへの「はじめの一歩」を支援することを目的にぷちぼらは活動しています。また、ボランティアを身近に感じてもらい、学生の皆さんが抱くボランティアに対する壁のようなものを少しでも低くできるよう様々な企画を提供しています。次節で、活動内容を簡単に紹介していきます。

2）私たちの活動

（1）学生を対象にした活動

情報発信（ぷちぼら掲示板とSNS）

　山口県立大学には、「ぷちぼら掲示板」と呼ばれている、ボランティアに関する情報が詰まった掲示板があります。ボランティア募集に関するチラシもたくさん掲示してあるため、掲示板を見たことがボランティアに参加するきっかけとなった学生も多くいます。また、ボランティア掲示板にはボランティア保険の申し込み方法の詳細なども掲示されています。初めての方も安心してボランティアに参加することができます。よりボランティアに興味を持つ学生が増えるよう、掲示板が学生の目に留まりやすくするために画用紙で装飾物を作って掲示板を彩る、見やすくなるようにチラシをレイアウトする等の工夫を行っています。

　ネット社会であるからこそ、InstagramやLINE等でもボランティア活動の様子や福祉系ボランティアサークルの活動の発信を行っています。フォローしてくださっている方々は、山口県立大学の学生だけでなく学生の家族、地域住民の方、ボランティアに興味のある方や山口県立大学の受験を考えている方など様々です。SNSを通して発信していくことが、ボランティアに参加したい学生や福祉系ボランティアサークル加入者の増加に繋がっています。学生から「入学前からInstagramを見ていました」「LINEの告知を見て参加しました」と聞いたことがあり、ボランティア活動の情報発信をすることは、何か啓発につながっていることを考えることができました。

● ぷち☆すた

　不登校や発達障害の子どもを対象にしたメンタルフレンド活動のぷち☆すたでは、月に1回程度活動しています。不登校のお子さんや特別支援学校に通学しているお子さんなどを大学にお越しいただき、活動してきました。お子さんはそれぞれが好きな遊びを大学生と一緒に、参加されたお母さま方は、別室でお茶会をし、情報交換をされています。参加されたお子さんが勉強を大学生と一緒にやることもあります。活動に参加した学生からは、「子どもと一緒にかかわることができて、自分もとても楽しかった」や「普段しない遊びも一緒になって楽しむことができ、私も大変面白かった」というような意見を聞くことができました。今後もぷち☆すたの活動を継続し、子どもたちの笑顔をたくさん見たいと思います。

● ぷちぼら活動報告会

　ぷちぼらでは、長期休暇明けにボランティア活動の報告会を行っています。ボランティア活動に参加した学生が、施設の概要や活動内容、そこで感じたこと、学んだことを報告しています。ボランティアに行かせていただく施設は、児童養護施設、児童発達支援施設、障害者入所施設、就労支援施設、子ども食堂、子育て支援施設など多岐にわたり、大学の中だけでは学ぶことができない貴重な経験や学びを得ることができます。ボランティア活動報告会では、ボランティアに参加した学生の学びを深めるだけでなく、ボランティアに参加したことのない学生にボランティア報告会で自身の体験を報告することによって、ボランティアに行ったことのない学生の興味を広げる活動を実施しています。また、ボランティア報告会をすることによって、

学生のボランティア活動が活発化するようボランティアに参加した学生が様々なアドバイスを行っています。

① ぷちぼら交流会

　山口県立大学学生ぷちボランティアセンターでは、ぷちぼら会員の学生同士の交流活動を図るため、活動報告会と並行してぷちぼら交流会を実施しています。交流会では、ぷちぼらの中心で活動するぷちぼらコアスタッフの説明や、長期休みのボランティア活動情報について共有したり、1年生の大学生活の不安の解消、履修支援などを行っています。

② YPU共生社会プロジェクト（大学生企画）

　ぷちぼらでは、新型コロナウィルスの拡大で活動が制限された2020年度に、学内で活動できる課外活動支援を企画する必要があると考え、「YPU共生社会プロジェクト」として障害理解教育に活用する教材作成を行いました。ぷちぼらの担当教授の指導のもと、視覚障害のある方と母親からお話をお聞きし、その内容をもとに絵本作成をしました。絵本は、パワーポイント教材として使用できるように工夫しました。絵本のテーマは「心の目で生きる～りょうさんとお母さんからのメッセージ～」です。この絵本は、学齢期の児童生徒を対象とした福祉教育に活用していきたいと考えました。現在（2024年度）では、ぷちぼら主催で行う「YPU共生社会プロジェクト」として、子どもたちを対象とした福祉教育実践を行っています。これまで、放課後児童クラブに定期的に小学生を対象とした福祉教育実践を行いました。また、「あいサポーター研修会」では、地域の子どもと家族にも案内し、大学で障害理解に関する福祉教育を実践しています。私たちの活動を通して、地域に＜ふくし＞の輪が広がることを願っています。

(2) 地域との連携及び地域への協力

ヤングサポーター研修会・189オンラインサポーターミーティング

　山口県では子育てに悩む家庭を189（いちはやく）見つけ、早期対応につなげるため、県民や企業と協働し、社会全体で子育て家庭を見守り支える189（いちはやく）サポート推進事業を展開されています。私達学生は、ヤングサポーターとして189（いちはやく）サポーターオンラインミーティングに参加し、山口県立大学の学生として、そしてヤングサポーターの一員として、どのようなことに取り組むことができるのか検討し発表させていただきました。また、ソーシャルワーカーなど、現場で働かれる専門職の方や他大学の方の意見を聞くことができ、貴重な経験になりました。

(3) 地域に向けた活動

● 学齢期の児童生徒を対象とした福祉教育

① 地域の児童館での福祉教育実践

　YPU共生社会プロジェクトの一環として、地域の児童館へ行き、手話の普及をめざし小学生に手話に触れ合う機会を作りました。共生社会の実現のためには子どものころからの福祉教育が大切なのではないかと考えたことからこの活動が始まりました。定期的に児童館へ行かせていただきそこへ通っている児童と関わりながら、紙芝居のようにして「手話とは何か」を教える時間や手話を実際にやってみるという時間を設けました。活動に参加した学生からは「楽しく手話を学んでもらえる機会になってよかった」や「子どもたちから福祉について学ぶことも多かった」といったような意見を聞くことができました。今後もこのような活動を増やしていき、福祉に関わる機会を増やしていけるよう活動していきたいと思います。

● あいサポーター研修会

　学齢期の児童生徒を対象にした福祉教育の一環として、あいサポーター研修会を行いました。私たちの住む社会には様々な障害がある方が生活しています。障害のある方が困っていることや必要な配慮などを知ることで「障害のある方が暮らしやすい社会を一緒に作っていこう」というものが「あいサポート運動」です。そしてこの「あいサポート運動」を実践する人のことを「あいサポーター」と呼びます。今回のあいサポーター研修会ではまず障害について知ってもらい、あいサポーターとしてどのようなことができるのか考えました。紙芝居を使ったり、動画を見たりすることで理解を深めていきました。小学生から大学生までたくさんの方が集まってくださり、一人ひとりが大切にされる社会を考えることができました。

3）おわりに

　これまで、ぷちぼらの活動などについていろいろと紹介してきました。ぷちぼらは立ち上げから「ボランティア活動におけるはじめの一歩を支援する」ことを目的に活動を続けてきました。その歩みはゆっくりですが、少しずつボランティアの輪が広がっていくよう、ぷちぼら自身も一歩ずつ進んでいます。ぷちぼらの「学生が学生を支援する」という活動は、それ自体がまたボランティア活動のひとつの形なのではないかと思います。

　ぷちぼらの活動は学生であるからこそ持てる視点や自分たちが不安に思うことから企画を考えて実践に移すことができるのだと思います。これからも、学生のために何が出来るかを第一に考えながら、学生と共にぷちぼらも成長していくことができればいいなと考えています。

私にとってボランティアって？

いやし

人とのふれ合いができる場

元気になれる

人生経験ができる場所

うるおい

発見

成長できる時間

大学生の活動は幅広いな。

僕も大学生になったら活動してみたいな。

高校生の私たちにできることにチャレンジしたい。

2 大学の福祉系ボランティアサークルの活動から

ボランティアを紹介したり、企画をしたりする組織については理解できたけど、大学にはボランティア部みたいなものもあるのかな？

そうだね。個人だけでなく、団体として活動しているかもしれないね。しているとしたら、どんなことかな？早速聞いてみよう！

1）福祉系サークルの紹介

山口県立大学の福祉系サークルの紹介をしたいと思います。
ここでは、本学の福祉系サークル9団体を紹介したいと思います。

各サークルに、
①**活動内容の要約**　②**活動紹介**
③**活動から学んだこと**
の3つを聞いてみたよ。

（1）障害児・障害者福祉に関するボランティア活動

● Family

① 未就学児や小学生の家族を主な対象者とし、イベントの企画・実施を行う。
② 私たちの主な活動は、『七夕』『クリスマス』『ひな祭り』をテーマにしたイベントです。山口県の青少年自然の家を拠点に、家族で自然を楽しみながら季節の行事に親しめる活動を行っています。
七夕では竹を活用した活動、クリスマスではリース作りを行い、自然を感じられる機会を提供しています。ひな祭りでは、自作の紙芝居を使った読み聞かせを実施し、山口県の保育園や幼稚園を訪問して交流しています。
③ 普段、未就学児や小学生と関わる機会が少ないため、活動を進行する際やどのように伝えれば楽しんでもらえるかについては、毎回工夫を重ねています。初めて参加する方でも楽しめるように配慮し、さらに毎年参加している方にも新鮮さを感じてもらえる活動を目指して企画しています。対象者に合わせた「楽しい」を考え、実際に企画を練り上げて実施する過程は、大きな学びとなっています。

山口県立大学赤十字奉仕団

① 献血の呼びかけや募金活動等、赤十字社と連携し、人々のニーズに応える。
② 毎月第2・第4月曜日の定例会、街頭や学内での献血の呼びかけ、赤十字や献血についての研修会の参加や開催、県内外の学生との交流会、NHK海外たすけあい募金を行っています。日本赤十字社主催のイベントにボランティアとして参加することもあります。
③ 献血や募金の呼びかけ、防災や災害時の対応についての研修会に参加する中で、人のために奉仕すること、人と一緒に活動することで生まれる信頼関係や連携などの大切さを学びました。
　また、献血にはヘモグロビンや体重など様々な制約があり、献血してくださる方は貴重な存在であることを学び、献血をより多くの方に周知し、特に若年献血者数を増やすために尽力したいと考えました。

TOIYS

① 児童、高齢者、障害者それぞれとの交流会の計画、準備から運営、反省まで行う。また、パラリンピックスポーツにも触れ、福祉への関心を深める。
② それぞれ交流会を行う期間が決まっているので、それに向けてみんなで話し合いながら協力しあって準備をします。交流会に来て下さる方々、そして学生の全員が楽しめるような活動になるように学年関係なく自由に意見を出し合いながら交流会に向けて準備を行っています。また、交流会とは別にサークル内でボッチャ大会を開催しています。パラリンピックスポーツのひとつであるボッチャに触れ、福祉への関心を深められるようにしています。
③ 交流会の企画、運営を自分たちで話し合い、全員が納得できるようなものにするまでに時間がかかりとても大変であることを実感しました。児童、高齢者、障害者それぞれに合わせた内容を決めることができるように、危険性、可能な範囲等を推測しながら慎重に行っています。このような活動を通して、個々に合わせた関わり方や福祉の視点、思考を学ぶことができました。

タンデム

① タンデムを用いた児童、障害者、地域住民との交流
② タンデムは二人乗りの自転車で、障害のあるなしに関わらず、誰でも乗車することが可能です。主な活動としては様々なイベントに出向き、多くの人にタンデムの魅力を体験してもらっています。一人ひとりの「自転車に乗りたい」という気持ちに寄り添いながら、安全に楽しく乗ってもらえるよう試行錯誤しながら活動を行っています。障害の有無に関わらず、誰もが楽しくスポーツができる共生社会の実現を目指して活動を行っています。
③ 視覚障害のある方や自転車に一人で乗ったことのない子どもと共に乗ることは、常に危険と隣り合わせです。よって、事前にサイクリングロードを学生同士で試走したり、沿道に学生が立ち声掛けを行ったりすることで安心・安全な活動を行えるようサポートしています。このような活動を通して、表情や声色からその方の思いを想像することや個々に合わせたコミュニケーションの取り方を学ぶことができました。

手話サークル☆幸せの星

① 手話サークルは、「手話の良さ・楽しさを広めよう」という思いで活動を行っています。普段は、手話の勉強だけでなく、その学んだ手話表現をゲームに活かしてさらに理解を深めています。時には、聴覚障害の方をお呼びし、ゲームを楽しんでいます。また、地域の行事や大学での行事にも出演依頼を多くいただくことがあり、そこで手話歌を披露しています。
② 手話サークルの「顔」ともいえるのが"手話歌"です。周りの方から"手話歌感動する"や"大好き"といったお言葉を多くいただきます。このような言葉をいただけるには、手話歌完成に至るまでの背景があります。1から既存している曲の歌詞をそのまま訳すのではなく、聴覚障害の方に歌詞が伝わるように、手話訳に文章性やストーリー性を持たして作成することが求められます。そして、手話に訳した歌詞をさらに推敲をします。例えば、「手話に緩急をつけて表現しよう、ここは悲しい意味で訳しているため悲しい表情で表現しよう」など、手話歌全体によりアレンジ性を入れ、創り上げます。だからこそ、人前で発表した後の達成感は言葉にできないほど凄いです。ぜひ、その背景を知った上で、手話歌をご覧いただけると嬉しいです。
③ 私たちがサークル活動から学んだことは、「伝えること」の大切さです。手話は、同じ手の形でもその位置や動かし方によって、意味が大きく変化します。時には聴覚障害の方に、不快な思いをさせてしまうこともなくはありません。聴覚障害の方には、私たちの音声で伝えたいことは届きません。だからといって、必ずしも手話で自分の伝えたいことが伝わるとは

限らないため、正しく手話表現を覚えることが第一に大事だと学びました。

（2）地域活動関係

MEP〜未来を笑顔にプロジェクト〜

① 赤い羽根共同募金の啓発活動を行う。
② MEPは、山口県共同募金会と連携して、10月からの共同募金期間に合わせてキックオフイベントに参加したり、学祭や地域のお祭りなどに参加して赤い羽根の啓発と募金運動を行っています。また、夏休みには県内の中高生に向けて出前授業を行い、赤い羽根共同募金について知ってもらう活動を行っています。
③ MEPでの活動を通して、改めて赤い羽根共同募金がどのようなものか、集まった募金は何に使われているのかということについて学ぶことができました。私達も最初は知らないことばかりでしたが、山口県共同募金会の方々と協働しながら、活動を行っていく中で、赤い羽根共同募金についての知識を得ることができたと思っています。加えて、連絡・調整や意見のすり合わせなど、学外の人と連携するために必要なマナーや礼儀なども身につけることができました。また、どのように伝えたら赤い羽根共同募金のことを理解してもらえるかを考えながら募金運動や出前授業などを行うため、企画力やプレゼンテーション力の向上に繋がっていると感じます。

山口BBS会

① 地域の子どもたちとの遊びの交流
② BBS会は非行少年のための更生保護団体です。主な活動としては月に1回、児童館主催の遊びの交流に参加して地域の子どもたちと関わっています。また、児童養護施設での学習支援活動も行っています。全国のBBS会員との交流を含めた研修会などにも参加しています。
③ 私たちは、様々な背景を持った子どもとかかわることを通して、1人1人に寄り添った支援の必要性について考えることができました。また、社会福祉を専門で学ぶ私たち学生と子どもとの活動を通して、様々なことに気が付かされました。それは年齢も様々、性別も違えば育っている環境も違う子ども達一人一人に向き合うことの大切さを実感することにも繋がりました。また、子どもの目線に立ってみることの大切さを学びました。

おたまじゃくしの会

① 自閉スペクトラム症の子どもと、きょうだい児と一緒に楽しみながら年に4回程度活動をする。自閉スペクトラム症児、きょうだい児の余暇活動支援をする。

② 自閉スペクトラム症児、きょうだい児を大学に呼んでの活動を年に4回程度実施しています。活動の中では、「新聞プール」「季節をテーマとした遊び」（7月なら七夕、梅雨等）をしています。特に子どもたち好評なのが、新聞プールです。毎回の活動で実施しています。参加する学生と子どもで一緒に新聞を使って遊んでいます。学生と参加する子どもが活動を楽しみながら実施しています。

③ サークル活動を通して、自閉症スペクトラム児、きょうだい児への支援方法について体験的に学ぶことができました。また、わかりやすい環境設定や視覚支援など、支援をする上での重要なことも学ぶことができました。私はサークルの部長として、支援方法をたくさん学んでおきたいということで地域の放課後等デイサービスにもボランティア参加し様々な支援方法を学ぶことができました。自閉スペクトラム症の理解が深まり、支援の輪を広げるために学生の立場でできることを今後も行っていきたいと思います。

点字サークル「ぷちぽあん」

① 点字や視覚障害などについて学び、点字を書く。

② 週に1回活動しています。普通の文章を分かち書きして、点字器を使って点訳をしています。本を点訳したり、自分たちで作った絵本を点訳したりしています。

③ 点字を書くときの音や手から伝わる感覚は、実際にやってみないとわからないものだと思います。活動を続けるうちに、身近にある点字を読めるようになりました。活動を通して、いつも自分たちが使っている文字とは違う文字に触れる機会ができ、新たな世界を知ることができるように思います。

3 ボランティア活動を通して、私たちが学んだこと
～大学生活を豊かにしてくれたボランティア活動～

一人ひとりと向き合うことの大切さ

　私は、大学の講義の中で得たボランティア活動を実際に経験してみることにより、様々な経験を得ることができました。私がボランティア活動の中で特に印象に残っていることは、児童養護施設に行かせていただいたことです。大学の講義で受けた「児童・家庭福祉論」の講義で、「児童養護施設とはどのようなものなのか」学習しました。ただ具体的な施設のイメージをうまくつかむことができませんでした。その部分が、実際に児童養護施設に行き理解することができました。また、実際に関わった中で私は一人ひとりと向き合うことの大切さを学びました。ボランティア活動では、子どもたちと一緒にご飯を食べたり学校の宿題を一緒にしたり近くの公園に遊びに行ったりしました。その他にも、休日にお出かけをすることもあり、職員の方が親の役割を担いながら自由な暮らしをされていました。その中で特に印象に残ったことは「子どものできることできないことを職員が決めるのではなく、子どもの希望を聞き、どうすればできるのかを考えたうえでどの方法がいいのか」ということを考えていて子ども第一であることを学ぶことができました。児童養護施設には職員の数よりも多い子どもたちがいるので、一人でたくさんの子どもを見ていると小さなサインを見逃してしまうのではないかと考えていました。しかし、ボランティア活動中に職員の方の動きを見ていると、ご飯を作っている際も常に周りに目を配り、何か変化が起こっていないか気にしていました。子どもたちに寄り添っている職員の方の姿を目の当たりにして一人ひとりに真摯に向き合うことの大切さを感じたので、これからいろいろな人と関わる中で学んだことを大切にしながら関わりたいと思いました。

（社会福祉学部4年　上田　夏歩）

高校3年生の私を豊かにしてくれたボランティア

　高校3年生の時に、地域の点訳ボランティアに参加したことをきっかけにボランティア活動を様々経験しました。活動から、ボランティア活動の大切さ、ボランティア活動のやりがいに気づくことができました。この学びを踏まえ、大学生になってもボランティア活動を続けたいと思い、様々なボランティア活動に参加しています。大学生で体験したボランティアで特に印象に残っているのは、放課後等デイサービスでのボランティア活動での出来事です。

　放課後デイサービスでボランティアをしている際に出会ったAくん、Bくん、Cさんは特に印象に残っています。一緒にポケモンの絵を書いたことや余暇活動の時間に楽しいお話をしたことなどとても印象に残っていることが多かったです。また、Dくんは、よく大学でお話しする機会がありました。施設に行くとDくんの違った勉強をしている一面、座ることが苦手と話

していたDくんが真面目に座っている一面を見ることができ、とても感動したことを今でも覚えています。放課後デイサービスでの様子もよい支援をすることができたことが実って活動につながったんだと大学生ながら考えることができました。

　このボランティア活動で得た貴重な学びをもとに、障害のある子どもたちの良き支援者になりたいと思います。支援をする子どもたちから「楽しかった」「来てよかった」と思ってもらえるようなかかわりをしていきたいと思います。ボランティア活動を受け入れて、貴重な体験をさせていただいた放課後等デイサービスE施設には感謝の気持ちでいっぱいです。

(社会福祉学部4年　新宅　尋斗)

人と人とを繋ぐボランティア

　私は大学入学後、福祉の学びをより深めるため児童発達支援センターや児童養護施設、障害者支援施設などの多くの施設にボランティアスタッフとして訪問し、子どもから大人までたくさんの人と関わりました。そんな中、大学3年生になり初めてボランティアの主催者側に立つ機会がありました。アルバイト先の放課後等デイサービスで職員の方が言われていた「放課後等デイサービスに通う子ども達と県立大学の学生との交流の場があったらいいな」という言葉に賛同し、私が子ども達と学生の交流の場をつくる役割を担うことになったのです。企画を進める中で、障害のある子ども達と参加してくださる学生がどれだけ楽しめるかを重視し、職員の方と何度も話し合いを重ね実施に至ることができました。

　当日は身体障害者福祉センターの体育館を貸し切って子ども達と学生が猛獣狩りに行こうよゲームやしっぽとりになどした後、一緒にお弁当を食べながらお話をすることで親睦を深めました。ルールの理解が困難な子でも楽しい空気を感じ取ってうれしそうに走り回っている様子が見られ、内気な子も交流を通して最後は打ち解けることができていました。参加した全員が楽しめる交流の場になったと思います。交流会終了後、初めての実施であったにも関わらず子ども達と学生の双方から次の実施を希望する声が上がっており嬉しかったです。ボランティアを通して子ども達にも、参加してくださった学生達にも、そして私にとっても新しい出会いと学びがあり、改めてボランティアは人と人とを繋ぐ場であることを実感しました。

(社会福祉学部4年　坪井　凜々花)

ボランティア活動でしか得ることができない学び

　ボランティア活動に参加した経験を振り返って、最も強く感じることは、「大学の講義だけでは得られない多くの学びがあった」ということです。講義の中では、福祉的なニーズを抱える方々や、その支援を行う福祉専門職、関係機関について学びますが、正直なところ、どれも自分とは少し距離のある話のように感じていました。ところが、実際にボランティア活動に参

加してみると、それらは決して遠い話ではなく、まさに自分のすぐ隣で起きている現実なのだと実感しました。そして、自分にとっての「当たり前」の環境が、すべての人にとっての「当たり前」ではないことに気づかされました。

また、ボランティア活動では、利用者の方々だけでなく、彼らと日々向き合っている職員の方々からも多くを学びました。障害があったり、一人ひとり異なる特性を持つ方々に対して、それぞれに合った関わり方や支援方法が必要であり、相手を知り、寄り添うことの大切さを実感しました。

私はこれまで、児童養護施設や障害者入所施設、子育て支援施設など、様々なボランティア活動に参加してきました。将来は医療福祉の分野に進みたいと考えていますが、興味のある分野以外のボランティアに参加したことで、福祉をより広い視点から学ぶことができました。このような経験は、どの分野に進むか迷っている学生にとっても貴重な機会になると思います。大学生という、自由に時間を使える今だからこそ、積極的にボランティア活動に関わり、学ぶ機会を持てて本当に良かったです。ここで得た学びや気づきは、きっとこの先の人生の大きな財産になると思います。

（社会福祉学部4年　保村　若菜）

現場を知るということ

私は大学入学当初から、障害福祉分野に関心があり学びを深めてきました。そして、ぷちぼらの活動として、障害者支援施設にボランティアに行かせていただきました。その施設は、施設入所支援事業、生活介護事業、短期入所事業、日中一時支援事業を行っています。2日間利用者の方とお話したり、作業を行ったり、お誕生日会に参加させていただいたりしました。作業では、お菓子箱の組み立てを行い、利用者の方々が役割分担を行って効率よく行っていました。初めて組み立て作業を行う私に、利用者の方が優しくわかりやすく教えてくださり、お話をしながら楽しく取り組むことができました。利用者の方のお部屋に入らせていただき、思い出話を聞いたり、一緒にゲームをしたり、趣味のお話をしたり、楽しく日中の様子を学びながら過ごしました。

ボランティアに行く前は、利用者の方が施設でどのような生活をされているのか、施設内の雰囲気など、大学の講義では分からない部分を想像することもできていませんでした。実際に施設に行ってみると、職員の方と利用者の方が日々のコミュニケーションにより構築された信頼関係のもと、利用者の方一人ひとりが自分らしく楽しく生活されていました。将来、社会福祉士として、利用者の方の権利を守り、その人らしく生活できるよう、学生である今からさらに学びを深めていきたいと感じました。そのためにも、ボランティアなどの課外活動を積極的に行い、現場の状況を知ることの積み重ねが大切であると考えました。

（社会福祉学部4年　本田　絹）

大学生がボランティア活動を通して、人や社会と出会いながら、自分を成長させているんだね。

ボランティア活動は大学生活を豊かにしていることがわかったね。大学生の活動からいろいろなことを学ぶことができたね！

大学生から高校生のみなさんへ

　高校生のみなさん、大学生が行っているボランティア活動をいろいろ紹介してきましたが、いかがでしたか？

　ボランティア活動は、視野を拡げてくれるものだと思っています。その経験は、人としてのどう生きたらいいか、自分はどんな人間になりたいか…ということも教えてくれます。そして、あたたかい心のふれあいや他者を大事に思うことの大切さを教えてくれます。

　そして、私たちは大学で学びながら将来、どんな仕事に就きたいか、どんな生き方がしたいか、ということを問いながら未来に向かっているのです。

　その過程で、ボランティア活動が教えてくれることがたくさんあると思っています。これからも、後輩や高校生たちにボランティア活動の魅力を伝えていきたいと思います。

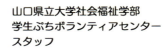

山口県立大学社会福祉学部
学生ぷちボランティアセンター
スタッフ

第5章
これから活動するみなさんへのメッセージ

高校生のためのボランティア活動パンフレットを紹介します。

1 高校を対象としたアンケート調査より

　山口県の高校を対象にした高校のボランティア活動支援に関するアンケート調査（平成18年度実施、107校配布、64校回答）を実施しました。

　アンケートの結果から、自主的にボランティア活動を行うことを推奨している高校が半数以上みられ、中には、高校では授業の一環でボランティア活動などの体験活動を推進している高校もありました。

　高校は生徒たちが自主的にボランティア活動を行うことに対し「自主性の涵養（35校、54％）」や「社会性の涵養（36校、56％）」「ものの見方や視野が拡がる（38校、59％）」「地域に貢献する心が育まれる（32校、50％）」等、生徒たちの人間的成長を期待していることもわかりました。

　また、「学習意欲の向上につながる（9校、14％）」「進学・就職などの進路を考える際の参考になる（22校、34％）」「専門分野を体験的に学ぶことができる」（16校、25％）という結果から、ボランティア活動が高校生の将来の方向性につながるための体験活動と捉えられていることがわかりました。

　高校では自主的にボランティア活動を行うことを肯定的には捉えているようですが、学校や保護者への報告・相談等を義務付けています。ボランティア活動を推奨していきたいが、トラブルやリスクへの心配があるということです。このことから、ボランティア活動の啓発を行うと同時に、ボランティアリスクマネージメントを行い、生徒への指導等を行うことが重要だと考えられました。

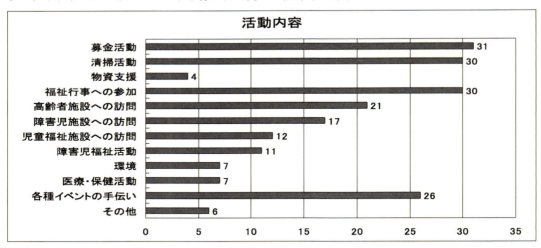

　上のグラフは、高校のボランティア部やJRC部の顧問教員に活動内容をたずねたものです。

　部活動は、募金活動、清掃活動、福祉行事への参加が、それぞれ3割を占めます。福祉施設の訪問や福祉活動への参加も積極的にされている様子が伺えます。

　顧問教員からの意見には、高校生がボランティア活動を行う意義について具体的にかかれていました。高校生がボランティア活動を行うことで得られる学びは、生徒の成長につながり、学校や家庭ではできない貴重な体験となっていることが理解できます。

一方、顧問教員が抱える課題の中には部員数の減少や時間的な制限もみられました。また、ボランティア要請先との関係作りの難しさや生徒をボランティアとして派遣する場合のリスクマネージメント等の方法を検討することが記されていました。

2　大学で企画した高校生を対象としたボランティア講座の実践から

　調査結果をふまえ、山口県立大学社会福祉学部学生ぷちボランティアセンターでは、大学生による高校生のためのボランティア講座「はーとボランティア講座」を企画し、山口県内の高校生が大学生と一緒にボランティアについて学ぶ活動をしてきました。これまで、400人以上の高校生が、大学生と交流しながらボランティア活動を行ってきました。この活動を通して、高校のボランティア部やJRC部の顧問教員と連携させていただく中で、高校生のための「ボランティア活動パンフレット」を作成するアイデアをいただきました。そして平成23年度財団法人大和証券福祉財団第17回ボランティア活動助成金をいただき、「高校生を対象としたボランティア活動パンフレット」を作成し、山口県の高校に配布させていただきました。
　この章では、パンフレットの内容を含んだ、高校生のボランティア活動支援に活用できる内容にしていきたいと思っています。

高校のボランティア部顧問（教員）より

　はーとボランティア講座に参加することで、生徒たちは大学生の活動に刺激を受けています。活動の幅も拡がり、障害のある子どもや子育て支援、特別支援学校のボランティア活動にチャレンジしています。

3 高校生のためのボランティアパンフレットより

高校生のための
ボランティア活動パンフレットだよ。
ボランティア活動を通してたくさん学んでね。

これから活動する高校生のために～大学生からのメッセージ～

「ボランティアをしたい」、「してみようかな」と思っている人は、その気持ちを大事にしてください。そして、少し勇気を出して活動をしてみよう。一人じゃ無理かなと思ったら、友達を誘ってみても大丈夫です。

ボランティアは、人や自然が相手で、1人ではできないことばかりだけど、マナーを守って無理をしなければ、楽しくて、自分にとって良い経験に繋がります。

ここでは、お互いが気持ちよく過ごせる様に気を付けることをあげているので、マナーや自分のできることを把握して、〈はじめの一歩〉を踏み出してみよう。

ボランティア活動の種類

ボランティア活動には様々な活動があります。地域の中でできる身近な活動から施設や海外や被災地に行って行うボランティア活動など様々です。福祉系大学で学んでいる大学生から高校時代に行っていた例を紹介します。大学生の中には、「ボランティア活動を経験して福祉系の大学に進むことを決めた」という声もありました。あなたはどんなボランティア活動をしたいですか？

●**高齢者**
・高齢者施設などでの手伝いや話し相手など
・外出介助
・いきいきサロンへの参加
・イベントの企画、手伝い

●**児童・障がい児**
・青少年育成施設でのキャンプ
・託児
・イベントの企画、手伝い
・施設で子どもたちと遊ぶ
…など

●**障がい者**
・作業所や施設などでの手伝いなど
・外出介助
・イベントの企画、手伝い…など

●**まちづくり**
・イベントの企画、手伝い
・災害復興
…など

いろんなボランティアがあるんだね！

●**環 境**
・森林作業、植林
・ゴミ拾い
・リサイクル活動
…など

●**医 療**
・緩和ケアボランティア…など

●**災害ボランティア**
・被災地の支援
・募金活動
・啓発活動

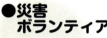

ボランティアをするためには

1、高校のボランティア担当の先生や担任の先生に相談してみよう
2、近くの社会福祉協議会や市民活動支援センターに相談してみよう

> ❗ ボランティア活動は相手のある活動。そして、いろいろなリスクもあるから活動をするときは必ず、家族と高校に連絡・相談しよう。

ボランティアの理念・性質を知ろう

自主性
ボランティア活動は自分の意志で自ら進んで行う活動です。高校生のみなさんは、学校の教育活動を通して経験したり、先生から進められて行うことが多いと思いますが、その経験をきっかけに自分の意志で今後どんなことをしてみたいか考えてみましょう。

社会性
ボランティア活動は人や社会とかかわる活動です。活動を通して、かかわった人や社会を見つめてみましょう。

無償性
ボランティア活動には無償性という性質があります。報酬を目的に活動するのではないところに特徴があるということです。ボランティア活動を実際に行っている人の声を聴くと、人や社会にかかわるボランティア活動を通して、自分自身に得られている学びや心の成長を語ってくれます。みなさんも活動を通して考えてみてください。

先駆性
私たちの生きる社会にはたくさんの課題があります。このような課題を解決するために具体的な行動を起こしたり、今までなかった活動の〈カタチ〉を具体的な実践（ボランティア）を通して創りだしていくことが大切です。

学習性
ボランティア活動には〈学び〉の要素が含まれています。高校生のみなさんが、学校や地域でボランティア活動を経験することで、机上では得られない〈学び〉があると思います。学んだことを意味づけることで、人間は成長します。ボランティア活動は、人としての成長を助ける働きがあります。

※ボランティア活動には他にも〈継続性〉や〈専門性〉などの理念・性質があります。実践から生まれてきた理論です。みなさんもぜひ実践を通して〈私にとってボランティアとは何か〉ということを考えてみてくださいね。

ボランティアマナー

○活動するボランティアを決めよう。
ボランティア先では、それぞれ活動内容に違いがあります。ボランティア先が何を求めているか、自分にできることを把握し、よく確認しましょう。

あらかじめ、ボランティア先に、できること、できないことを伝えておくと、お互いに当日無理のない活動がしやすくなると思いますよ。

○準備をしっかりしよう
ボランティア先で必要な物・服装などは、活動内容・場所によって変わってきます。活動場所、内容、活動する上で必要な物を、ボランティア先に確認し、慌てずに済むようにしましょう。また、服装は動きやすい服装で参加しましょう。

○約束や連絡は忘れずに
活動にあたって、約束された時間や場所は守りましょう。

もし、体調不良や都合で欠席や遅刻する場合、活動を辞めたい時は、必ずボランティア先に連絡しましょう。

○ボランティア先で知ったプライバシーや秘密は、他に漏らさないようにしましょう。
ボランティア先で知った個人情報は、他の人に安易に話さないようにしましょう。

漏れた情報が、相手を傷つけたり、迷惑をかけてしまうときがあります。

○挨拶を積極的にしましょう。
関係を作っていく上で、一番大事なのは、挨拶です。気持ちの良い挨拶をして、お互いに気持ちの良い行動をとるように心がけましょう。

○自分のできる範囲内の活動をしよう。

自分にできる仕事、難しい仕事あると思います。嫌な気持ちが募ると、活動自体も楽しむことが出来なくなり、参加する意欲も減ってしまいます。

引き受けたけど、難しいかなと思ったら、遠慮せず、職員さんに相談しましょう。抱え込んではいけないですよ。

○職員の仕事とは別として立場を考えよう。

ボランティアにしかできないこともあるけど、ボランティアではできない仕事もあります。安易な判断はせずに、報告、連絡、相談を必ずして、仕事内容を区別しましょう。また、「ボランティアをしてあげている」では、利用者さん・職員さんもいい思いはしません。お互いが対等であるという事は忘れないようにしてください。

ボランティアは、難しいものでも、簡単なものでもないです。だけど踏み出して損はしないし、一歩を踏み出すのは、あなたの気持ち次第です。
自分の視野が拡がったり、将来にもつながる素敵な出会いがあったり、自分を知る機会になったり、様々な要素があるけど、学びと経験と思ってぜひ体験してみて下さい。

ボランティアリスク

ボランティア活動を行うことに伴うリスクがあります。例えば、自分がけがをしてしまったり、相手にけがをさせるといったことです。「ボランティア活動保険」という保険があり、社会福祉協議会で加入できます。ボランティア活動先が加入している場合もあります。みなさんは高校生なので、先生や家族に相談しましょう。

ボランティア活動中のけがや事故など、どんな小さいことも、先生や家族、活動先に相談しましょうね。また、疑問などがあったら必ず相談することが大切だよ。

ボランティア先で出会った人の個人情報を守ることももちろん大事ですが、自分の個人情報について管理できるよう、活動前に気をつけることを先生や家族と確認しあっておこう。

ボランティア活動のふりかえり

ボランティアに参加した後に記録を書いておくと、振り返りもできて自分の成長につながるよ。文章だけでなくて、絵やイラスト、写真を加えてもいいよ。
文章を書くのが難しければ、箇条書きでも大丈夫だよ。

大学生のノートをちょっとのぞいてみよう

令和6年12月5日
○場所：さくら学級（放課後児童クラブ）
○めあて：笑顔で子どもたちにかかわろう
　　　　　スタッフの方の子どもへのかかわりをみよう
○感想・反省：今日は子どもたちとかかわるのが5回め。
だいぶ慣れてきたはずなのに、元気な子どもたちといっぱい遊んでもらった感じ。でも、笑顔で子どもたちにかかわることができたのでよかった。やっと自分も楽しめるようになった。職員さんは、お母さんのように、優しくかかわっておられるし、叱るときもお母さんのよう。一人ひとりの子どもの個性を把握しておられ、一人ひとりをわが子のように可愛がっていらっしゃる。私には、まだまだ難しいが、これからもこの施設に通って、少しでも職員さんのように、かかわっていきたいな。

ボランティア活動はふりかえりをすることが大事なんだね。

記録を書くことがふりかえりになるんだよ。継続してボランティア活動をしていくことで記録がどんどん増えて、自分の成長も見えてくると思うよ。

お礼文を書こう

活動を通して感じたことやお世話になった方へのお礼の言葉が述べられているといいと思います。

大学生のお礼のお手紙〈例〉

　はじめての場所に、どんなことをするか分からずに行く。これってすごく不安も大きいし、簡単にできることではないと思います。でも、友達や同じ活動をするメンバーと一緒に行ってみたら少しは気持ちが楽になるのではないかなと思います。また、やる中で、自分の中の色々な感情や思いに気付かされる場になると思います。
　私も初めて、障がい者支援の施設に行ったときは、不安でいっぱいの中、参加しました。「障害がある人、うまくコミュニケーションが取れない人とどう関わればいいの？」そんな思いでいっぱいでした。ですが、いざ関わってみて、色々職員さんから言われることをやってみたり、自分で楽しいかなと思った遊びをしてみたりする中で、反応が返ってくる喜び、楽しみというものを知りました。その後、上手くいかない時期もあり、疑問ばかり浮かんだり、自分の接し方を考える日々もありました。だけど、「相手は一人の人であり、感情やその日の体調も変わる。だから、上手くいくことばかりではない。人と接するってことは相手の事を考えて動かなくてはいけない。自分本位では信頼関係なんて作れない。」何回も繰り返し、活動していく中でそう思えるようになりました。
　ボランティアは、1回だけの参加でも何十回も参加しても、参加したときに感じる事、発見することが変わってきて、1つ1つが新鮮です。ボランティアをやってみようかなと思ったら、ぜひ参加してみて下さい。学びや経験にもつながると思いますよ。

ぶちぼらOB

これから、ボランティア活動をしながら、
　ぼくも勇気とあったかい気持ちを心に抱いて、
いろんなことを学んでみたいな。

これから活動する高校生にぜひ
　読んでもらいたいパンフレット、
たくさんの高校生たちの役に立つといいな〜。

ふりかえり　〜高校生・大学生のみなさんへのメッセージ〜

　「未来につながるボランティア〜高校生からのボランティアハンドブック」を読んでどのような感想を持ってくださいましたか？
　アポロンくんは、「はじめの一歩をふみだす勇気をもらった」と言ってくれましたね。高校生のみなさんはどうでしょうか。今、勉強や部活動等、とっても忙しい毎日を過ごしていると思います。そんな中で、「ボランティアに興味はある」「ボランティアをやってみたい」という思いを持って、この本を手にしてくれたのだと思います。ボランティア活動に参加するのには、アポロンくんのように「勇気」が必要でしょう。知らない環境、初めて出会う人、初めての体験、不安になる要素がたくさんありますよね。でも、この本の中に登場してくれたたくさんの大学生たちも最初はそんな思いを持っていたことを知ってくださったと思います。そして、その〈はじめの一歩〉が、その人の人生の中で、貴重な出来事となり、具体的な夢を描くきっかけになり、未来につながるという素敵な可能性を秘めていましたね。地域社会には、高校生や大学生のボランティアが活動できる場がたくさんあり、様々な分野のボランティア活動があります。あなたの興味のあることや将来進みたいと思っている分野のボランティア活動をみつけてくださいね。そして、もし、ボランティア活動に行くことができたら、そこで出会った人とのかかわりをとおして、社会をみつめてみてください。私たちの生きる社会、あるいは身近にある課題、社会に求められていることを知り、「私にできることは何だろう」と考えるきっかけにしていただけたらうれしく思います。
　これからも、ボランティア活動を通して学ぶみなさんの応援をしていきたいと思います。無理せず、自分のペースで活動してくださいね。

この本を手にとってくれて
ありがとうございました。
みなさんの未来が輝かしい
ものになるよう願っています！

VOLUNTEER

編集者　藤田　久美（山口県立大学社会福祉学部教授）
執筆分担
　第1章　1～4　藤田　久美（前掲）
　　　　　5　　長谷川真司（山口県立大学社会福祉学部教授）
　第2章
　　　1　小田　真実（山口県立大学社会福祉学部附属子ども家庭ソーシャルワーク教育研究所　特任教員（助教））
　　　2　横山　順一（山口県立大学社会福祉学部准教授）
　　　3　小田　真実（前掲）
　　　4　藤田　久美（前掲）
　　　5　髙橋　　幾（山口県立大学社会福祉学部講師）
　　　6　勝井　陽子（山口県立大学社会福祉学部准教授）
　　　7　宮﨑まさ江（山口県立大学社会福祉学部教授）
　　　8　藤田　久美（前掲）
　　　9　坂本　俊彦（山口県立大学社会福祉学部教授）
　　10　宮﨑まさ江（前掲）
　　11　山﨑　智仁（山口県立大学社会福祉学部講師）
　　12　岩野　雅子（山口県立大学国際文化学部教授）
　　13　加藤　元士（山口県立大学看護栄養学部准教授）
　　14　永瀬　　開（広島大学大学院人間社会科学研究科准教授）
　　15　丹　　佳子（山口県立大学看護栄養学部教授）
　　16　今村　主税（山口県立大学国際文化学部教授）
　　17　今村　主税（前掲）
　　18　草平　武志（山口県立大学名誉教授）
　　19　田中　和子（山口県立大学看護栄養学部准教授）
　　20　菱ヶ江惠子（山口県立大学社会福祉学部講師）
　第3章　藤田　久美（前掲）
　第4章　山口県立大学社会福祉学部学生ぷちボランティアセンター
　　　　　　　山口県立大学社会福祉学部4年　上田　夏歩
　　　　　　　山口県立大学社会福祉学部4年　新宅　尋斗
　　　　　　　山口県立大学社会福祉学部4年　坪井凜々花
　　　　　　　山口県立大学社会福祉学部4年　保村　若菜
　　　　　　　山口県立大学社会福祉学部4年　本田　　絹
　　　　　　　山口県立大学社会福祉学部福祉系ボランティアサークル
　第5章　藤田　久美（前掲）
　　　　　山口県立大学社会福祉学部学生ぷちボランティアセンター
イラスト・デザイン　中村　浩樹

あとがきにかえて

　本書は、2013年に刊行した「未来につながるボランティア―高校生のためのボランティアハンドブック―」の改訂版として作成しました。改訂版では、高校生のみならず大学生も対象とし、副題を「高校生・大学生のためのボランティアハンドブック」と変更しました。高校生や大学生といった若い世代の人たちに、ボランティア活動を通して多くのことを学んでいただきたいという願いをこめています。

　高校生や大学生の皆さんは、将来、どんな大人になりたいと考えていますか。また、将来の夢や具体的になりたい職業はありますか。まだ具体的には決まっていない人の方が多いかもしれません。この時期のキャリア形成には、机上の学びだけではなく、地域社会に生きる多様な人々との出会い、社会の問題解決に向けた参加を通じて観点を広げることが必要です。本書で推奨したようにボランティア活動に参加することも大切な要素といえるでしょう。ボランティア活動は、皆さんの社会的な視点を広げ、問題解決に向けて主体的に行動できる能力を育むとともに、個人の価値観や生活や進路選択における意識の変容にもつながるかもしれません。

　さらに、若い世代がボランティア活動を行うことは地域社会の発展において重要な意義を持つと考えています。つまり、ボランティアは個人の未来につながると同時に、地域社会の未来につながる活動とも言えるでしょう。本書のタイトル名『未来につながるボランティア』には、こうした意味が込められています。福祉教育を実践してきた立場からみて、若い世代が福祉について学び、ボランティア活動を体験することは、共生社会や福祉社会を支える人材を育成する上で非常に重要です。社会の多様性を尊重し、誰もが安心して生きられる環境を作るためには、未来を創る子どもたちを対象とした福祉教育やボランティア活動の推進が必要です。近年の学校で取り組まれている「総合的な学習（探究）の時間」においても、このような学習がすすめられることに期待しています。

　本書を手に取ってくださった高校生や大学生の皆さんが、ボランティア活動にチャレンジしてくれることを期待しています。また、高校や大学における教育活動においても活用いただけたら幸いです。

　最後になりましたが、本書で伝えたい主旨を理解し、執筆してくださった皆様に深く感謝いたします。また、ふくろう出版の編集者の亀山裕幸さんのお力がなかったら本書は完成しませんでした。ありがとうございました。

2025年4月

　　　　　　　　　　　　　　　　　　　　　　　　　山口県立大学社会福祉学部
　　　　　　　　　　　　　　　　　　　　　　　　　　　教授　　藤田　久美

|JCOPY| 〈(社)出版者著作権管理機構 委託出版物〉

本書の無断複写（電子化を含む）は著作権法上での例外を除き禁じられています。本書をコピーされる場合は、そのつど事前に(社)出版者著作権管理機構（電話 03-5244-5088、FAX 03-5244-5089、e-mail: info@jcopy.or.jp）の許諾を得てください。
また本書を代行業者等の第三者に依頼してスキャンやデジタル化することは、たとえ個人や家庭内での利用であっても著作権法上認められておりません。

改訂版
未来につながるボランティア
高校生・大学生のためのボランティアハンドブック

2013 年 3 月 25 日　初版発行
2025 年 4 月 10 日　改訂版発行

編 著 者　　藤田　久美

発　　行　　ふくろう出版
　　　　　〒700-0035　岡山市北区高柳西町 1-23
　　　　　　　　　　友野印刷ビル
　　　　　　　　TEL：086-255-2181
　　　　　　　　FAX：086-255-6324
　　　　　　　　http://www.296.jp
　　　　　　　　e-mail：info@296.jp
　　　　　　　　振替　01310-8-95147

印刷・製本　友野印刷株式会社
ISBN978-4-86186-939-6　C3036　ⓒ2025
定価はカバーに表示してあります。乱丁・落丁はお取り替えいたします。